Sh Mayer

Das ungarische Strafgesetzbuch über Verbrechen und

Vergehen

Sh Mayer

Das ungarische Strafgesetzbuch über Verbrechen und Vergehen

ISBN/EAN: 9783744630900

Hergestellt in Europa, USA, Kanada, Australien, Japan

Cover: Foto ©Suzi / pixelio.de

Weitere Bücher finden Sie auf **www.hansebooks.com**

Das ungarische

Strafgesetzbuch

über

Verbrechen und Vergehen.

Budapest, 1878.

Verlag von Moritz Ráth

(Haas'sches Palais.)

Druck von C. F. Wigand in Preßburg.

Erster Theil.
Allgemeine Bestimmungen.

I. Hauptstück.
Einleitende Bestimmungen.

§. 1.

Ein Verbrechen oder ein Vergehen bildet nur diejenige Handlung, welche das Gesetz als solches erklärt.

Niemand darf wegen eines Verbrechens oder Vergehens zu einer anderen, als zu der für dasselbe vor dessen Verübung gesetzlich bestimmten Strafe verurtheilt werden.

§. 2.

Wenn in der Zeit von der Verübung einer Handlung bis zur Urtheilsfällung von einander abweichende Gesetze, Gebräuche oder Verordnungen in Kraft getreten sind, so ist von diesen die mildeste Bestimmung anzuwenden.

§. 3.

Bei der Anwendung des gegenwärtigen Gesetzes ist ein Tag zu vierundzwanzig Stunden, eine Woche zu sieben Tagen, der Monat und das Jahr hingegen nach der Kalenderzeit zu rechnen.

§. 4.

Die in dem gegenwärtigen Gesetze erwähnten Geldbeträge sind in laufender Währung, und ohne Rücksicht auf den Curs des Goldes oder Silbergeldes zu verstehen.

II. Hauptſtück.

Wirkſamkeit des gegenwärtigen Geſetzes in Betreff des Gebietes und der Perſonen.

§. 5.

Die Wirkſamkeit des gegenwärtigen Geſetzes erſtreckt ſich auf das ganze Gebiet des ungariſchen Staates, mit Ausnahme von Croatien und Slavonien.

Die auf dieſem Gebiete entweder durch ungariſche Staats= angehörige oder durch Ausländer verübten Verbrechen und Vergehen werden nach den Beſtimmungen des gegenwärtigen Geſetzes beſtraft.

Die Ausnahmen in Betreff der zur bewaffneten Macht gehörigen Perſonen werden durch ein beſonderes Geſetz beſtimmt.

Hinſichtlich der Exterritorialität ſind die Beſtimmungen des Völkerrechtes maßgebend.

§. 6.

Unter dem Ausdrucke „ungariſche Staatsangehörige" werden alle Diejenigen verſtanden, welche im Gebiete des ungariſchen Staates das Staatsbürgerrecht beſitzen.

Auf Angehörige des anderen Staates der Monarchie ſind, — inſofern dieſes Geſetz eine Ausnahme nicht beſtimmt — die für Ausländer geltenden Anordnungen anzuwenden.

§. 7.

Nach dem gegenwärtigen Geſetze iſt ferner zu beſtrafen:

1) derjenige ungariſche Staatsangehörige, welcher eine der in den Hauptſtücken I, II, III und IV des zweiten Theiles angeführten ſtrafbaren Handlungen, oder die im XI. Hauptſtücke erwähnte Fälſchung von Geld im Auslande begeht, inſofern der Gegenſtand der Fälſchung ein bei den ungariſchen Staats= caſſen als Zahlungsmittel angenommenes Metall= oder Papier= geld, oder aber ein in dem gegenwärtigen Geſetze dem Gelde gleichgeſtelltes ungariſches oder croatiſch-ſlavoniſches öffentliches Creditpapier (§§. 210 und 211) bildet;

2) derjenige Ausländer, welcher eines der im vorhergehenden Abſatze erwähnten Verbrechen oder Vergehen, mit Ausnahme

der im II. Hauptstücke des zweiten Theiles bezeichneten Ver=
brechen oder Vergehen, im Auslande begeht. ✓ ⸝⸝⸝⸝ §. 13⸝.

Die Anordnung dieses Paragraphen findet in den darin
angeführten Fällen auch dann Anwendung, wenn die betreffende
Person außerhalb des ungarischen Staatsgebietes verurtheilt
worden ist — und wenn sie auch die ihr daselbst bemessene
Strafe verbüßt hat, oder wenn sie ohne Gegenzeichnung eines
kön. ungarischen Ministers begnadigt worden ist. Die verbüßte
Strafe ist jedoch bei der Bestimmung der nach diesem Gesetze
zu bemessenden Strafe nach Möglichkeit in Anrechnung zu
bringen.

Wenn aber das im ersten Absatze dieses §. angeführte
Verbrechen oder Vergehen der Verfälschung von Geld, oder ein
unter 2) bezeichnetes Verbrechen oder Vergehen durch einen
Staatsangehörigen des anderen Staates der Monarchie verübt
wurde und derselbe deßhalb in dem betreffenden Staate bereits
bestraft oder begnadigt worden ist, so kann das Strafverfahren
gegen ihn nur dann eingeleitet werden, wenn der Justizminister
dasselbe anordnet.

§. 8.

Auch außer den im §. 7 unter 1) erwähnten Fällen ist
derjenige ungarische Staatsangehörige, welcher ein in dem
gegenwärtigen Gesetze bezeichnetes Verbrechen oder Vergehen
im Auslande verübt, nach diesem Gesetze zu bestrafen.

§. 9.

Nach den Bestimmungen dieses Gesetzes ist auch derjenige
Ausländer zu bestrafen, welcher ein im §. 7 unter 2) nicht
angeführtes Verbrechen oder Vergehen im Auslande verübt, —
wenn dessen Auslieferung vertragsmäßig oder dem bisherigen
Usus zufolge nicht eintritt, und der Justizminister die Einleitung
des Strafverfahrens anordnet.

§. 10.

Auf denjenigen ungarischen Staatsangehörigen, welcher ein
Verbrechen oder Vergehen begangen hat, sind die für ungarische
Staatsangehörige geltenden Bestimmungen auch dann anzu=
wenden, wenn derselbe nach begangener That Angehöriger eines
fremden Staates wird; — auf denjenigen Ausländer hingegen,

welcher als ſolcher ein Verbrechen oder Vergehen begangen hat
und ſpäter ungariſcher Staatsangehöriger wird, finden die für
Ausländer geltenden Beſtimmungen Anwendung. Die Anordnung
des §. 17 erſtreckt ſich jedoch auch auf dieſen Fall.

§. 11.

Wegen eines im Auslande verübten Verbrechens oder
Vergehens kann das Strafverfahren in den Fällen der §§. 8
und 9 nicht eingeleitet werden, wenn die Handlung nach dem
am Orte der That geltenden oder nach ungariſchem Geſetze
nicht ſtrafbar iſt, — oder nach einem dieſer Geſetze aufgehört
hat, ſtrafbar zu ſein, — oder wenn die competente ausländiſche
Behörde die Strafe nachgeſehen hat.

§. 12.

Wenn in den Fällen der §§. 8 und 9 die auf ein Ver=
brechen oder Vergehen geſetzte Strafe am Orte der That milder
iſt als diejenige, welche dieſes Geſetz beſtimmt, ſo iſt die erſtere
Strafe anzuwenden.

§. 13.

In den Fällen der §§. 8 und 9 iſt der im Auslande
verbüßte Theil der Strafe in die durch die ungariſchen Gerichte
zu verhängende Strafe ſtets einzurechnen.

§. 14.

Wenn wegen eines außerhalb des ungariſchen Staats=
gebietes verübten Verbrechens oder Vergehens nach dem aus=
ländiſchen Geſetze eine ſolche Strafe anzuwenden wäre, welche
das gegenwärtige Geſetz nicht angenommen hat, ſo iſt dieſelbe in
jene Strafart des gegenwärtigen Geſetzes (§. 20) umzuwandeln,
welche ihr am meiſten entſpricht.

§. 15.

Wenn ein ungariſcher Staatsangehöriger außerhalb des
ungariſchen Staatsgebietes eine ſolche Handlung begangen hat,
auf welche in dieſem Geſetze Amtsverluſt oder Entziehung der
politiſchen Rechte geſetzt iſt, ſo muß wegen Anwendung dieſer
Nebenſtrafe das Strafverfahren auch dann eingeleitet werden,

wenn der Betreffende die Strafe im Auslande bereits abgebüßt hat oder diese durch die competente ausländische Behörde nach= gesehen worden ist.

§. 16.

Jene Anordnungen des gegenwärtigen Gesetzes, nach welchen das Strafverfahren wegen der in demselben bezeichneten Ver= brechen und Vergehen nur über Antrag der verletzten Partei eingeleitet werden kann, — sind auch dann anzuwenden, wenn die Handlung durch einen ungarischen Staatsangehörigen oder einen Ausländer im Auslande verübt wurde, oder wenn die im Auslande begangene That nach den am Orte der Verübung geltenden Gesetzen nur über Antrag der verletzten Partei verfolgt werden kann.

§. 17.

Ein ungarischer Staatsangehöriger darf der Behörde eines anderen Staates niemals ausgeliefert werden.

Ein Angehöriger des anderen Staates der Monarchie darf nur der Behörde jenes Staates, dem er angehört, ausgeliefert werden.

§. 18.

Ein durch die Behörde eines fremden Staates gefälltes Strafurtheil darf in dem Gebiete des ungarischen Staates nicht vollzogen werden.

§. 19.

Das Immunitätsrecht der Mitglieder des Reichstages und der Delegation zur Verhandlung der gemeinsamen Angelegen= heiten wird durch das gegenwärtige Gesetz nicht berührt.

III. Hauptstück.

Strafen.

§. 20.

Die Strafarten sind folgende :
1) Todesstrafe;
2) Zuchthaus;
3) Staatsgefängniß;
4) Kerker;
5) Gefängniß;
6) Geldstrafe.

Die unter 1), 2) und 4) angeführten Strafen sind ausschließlich auf Verbrechen, die unter 5) angeführte Strafe hingegen ist ausschließlich auf Vergehen anzuwenden.

Das Staatsgefängniß [Abs. 3)] ist, wenn auf eine Dauer von weniger als fünf Jahren erkannt wird, bei Vergehen, — wenn aber auf eine Dauer von fünf Jahren oder darüber erkannt wird, bei Verbrechen anzuwenden.

Die Geldstrafe kann als selbstständige Strafe ausschließlich nur auf Vergehen, — als Nebenstrafe dagegen auf Verbrechen und Vergehen angewendet werden.

§. 21.

Die Todesstrafe wird im geschlossenen Raume mit dem Strange vollzogen.

§. 22.

Die Zuchthausstrafe wird entweder auf Lebensdauer, oder auf eine bestimmte Zeit verhängt.

Die längste Dauer der zeitigen Zuchthausstrafe beträgt fünfzehn Jahre, die kürzeste dagegen zwei Jahre.

§. 23.

Die längste Dauer der Staatsgefängnißstrafe beträgt fünfzehn Jahre, die kürzeste dagegen einen Tag.

§. 24.

Die längste Dauer der Kerkerstrafe beträgt zehn Jahre, die kürzeste dagegen sechs Monate.

§. 25.

Die Gefängnißstrafe kann in der Dauer bis zu fünf Jahren verhängt werden; die kürzeste Dauer derselben beträgt einen Tag.

§. 26.

Die Geldstrafe kann entweder als eine selbstständige Strafe, oder als eine Nebenstrafe in der Höhe von einem Gulden bis zu viertausend Gulden verhängt werden.

§. 27.

Die Geldstrafen sind zur Unterstützung entlassener, armer Sträflinge, sowie zur Errichtung und Erhaltung von Besserungsanſtalten für junge Sträflinge (§. 42.) zu verwenden. Ueber die Verwendung der eingefloſſenen Gelder zu ſolchen Zwecken, verfügt der Juſtizminiſter.

§. 28.

Die Zuchthausſtrafe wird in einer Landesſtrafanſtalt vollzogen.

§. 29.

Der zur Zuchthausſtrafe Verurtheilte (Zuchthausſträfling) iſt zur Verrichtung der feſtgeſetzten und ihm durch die Direction zugewieſenen Arbeit anzuhalten und während der im §. 30 beſtimmten Zeit bei Tag und Nacht, ſpäter aber Nachts in Einzelhaft zu verwahren.

Jeder Zuchthausſträfling iſt verpflichtet, die Strafhaus= kleidung zu tragen, wird den Strafhaus=Vorſchriften gemäß verpflegt und iſt dieſen Vorſchriften, ſowie der Hausdisciplin unterworfen.

Außerhalb der Strafanſtalt dürfen die Zuchthausſträflinge nur zu öffentlichen Arbeiten und nur dann verwendet werden, wenn es möglich iſt, ſie von den übrigen Arbeitern abzuſondern.

§. 30.

Jeder Zuchthausſträfling iſt regelmäßig im Anfange ſeiner Strafzeit in einer Einzelzelle zu unterbringen und wenn er zur Zuchthausſtrafe in der Dauer von drei Jahren und darüber verurtheilt wurde: ein Jahr lang, — bei einer Strafdauer unter drei Jahren aber ein Drittel der Strafzeit von Jedermann abgeſondert, Tag und Nacht in Einzelhaft zu halten, und tritt eine Ausnahme von dieſer Abſonderung nur bei den durch die Zuchthaus=Vorſchriften geſtatteten Beſuchen, bei dem Unterrichte, Gottesdienſte und dem Aufenthalte in freier Luft (§. 31) ein.

Der in Einzelhaft befindliche Zuchthausſträfling muß die ihm zugewieſene Arbeit in ſeiner Zelle verrichten.

§. 31.

Die geſunden Zuchthausſträflinge bringen ohne Unterſchied, die in Einzelhaft Befindlichen hingegen von den Uebrigen ab= geſondert, innerhalb des Zuchthauſes in der durch die Vorſchriften feſtgeſetzten Weiſe und unter Bewachung, täglich eine Stunde in freier Luft zu. Diese Zeit kann durch den Director aus Gesundheitsrücksichten auf Grund des ärztlichen Gutachtens um eine Stunde verlängert werden.

§. 32.

Die Einzelhaft darf nicht angewendet werden, wenn sie den körperlichen oder geistigen Zustand des Sträflings unmittelbar gefährdet; und sie muß unterbrochen werden, sobald der Arzt die Anzeichen einer solchen Gefährdung wahrnimmt und anzeigt.

§. 33.

Wenn die Einzelhaft aus dem im vorigen §. angeführten Grunde bei Beginn der Strafe nicht angewendet oder unter=brochen wurde, so ist sie, insofern die Gründe der Unterbrechung entfallen, während der ersten Hälfte der Strafzeit nachträglich in Anwendung zu bringen.

Ueber die erste Hälfte der Strafzeit hinaus ist die Einzelhaft, ausgenommen den Fall einer Disciplinarstrafe, nicht zulässig.

§. 34.

Bei Denjenigen, welche zu lebenslänglicher Zuchthausstrafe verurtheilt worden sind, darf die Einzelhaft nur während der ersten zehn Jahre der Strafzeit, — späterhin aber nur als Disciplinarstrafe angewendet werden.

§. 35.

Die zur Strafe des Staatsgefängnisses Verurtheilten (die Staatsgefangenen) werden in einer besonderen Landes=Straf=anstalt, und so weit es die Ortsverhältnisse zulassen, bei Nacht abgesondert, bei Tag aber gemeinsam mit Anderen in Haft gehalten. Die Staatsgefangenen dürfen zur Arbeit nicht ange=halten werden; es steht ihnen jedoch frei, sich mit einer selbst gewählten und den Verhältnissen der Anstalt entsprechenden Arbeit zu beschäftigen; ferner dürfen sie ihre eigene Kleidung tragen und sich selbst verpflegen. Hinsichtlich der Hausordnung und Disciplin, — insbesondere in Betreff der Ueberwachung und des Verkehrs mit Personen, welche nicht zur Anstalt gehören, sind die Staatsgefangenen milderen Vorschriften unter=worfen, als die zur Zuchthaus= oder Kerkerstrafe Verurtheilten.

Die in einem Staatsgefängnisse verwahrten Personen dürfen in dem seitens der Direction bezeichneten Raume täglich zwei Stunden im Freien zubringen.

§. 36.

Die Kerkerstrafe wird im Districts = Kerkerlocale oder in den seitens des Justizministers zu diesem Behufe bestimmten Gefängnissen der Gerichtshöfe vollzogen.

§. 37.

Die zur Kerkerstrafe verurtheilten Personen müssen eine ihren Verhältnissen entsprechende Arbeit verrichten, dürfen aber unter den für das betreffende Gefängniß festgesetzten Arbeiten frei wählen; außerhalb des Kerkergebäudes darf man sie bloß zur öffentlichen Arbeit und nur mit ihrer Einwilligung verwenden; in diesem Falle sind sie aber von den Zuchthaus= sträflingen und freien Arbeitern abzusondern.

Die zur Kerkerstrafe Verurtheilten sind sowohl der Einzel= haft, als auch hinsichtlich der Kleidung, Verpflegung, Haus= ordnung und Disciplin den Kerkervorschriften unterworfen, welche jedoch milder sind, als jene für Zuchthäuser.

§. 38.

Die Bestimmungen der §§. 30, 31, 32 und 33 finden auch auf die zur Kerkerstrafe verurtheilten Personen Anwendung, jedoch mit dem Unterschiede, daß diese innerhalb des zum Kerker gehörigen Raumes täglich zwei Stunden in frischer Luft zu= bringen. Diese Zeit kann nur im Falle einer Disciplinarstrafe täglich auf eine Stunde abgekürzt werden. Diese Beschränkung darf aber ohne Unterbrechung nicht länger als zwei Tage dauern.

§. 39.

Die Gefängnißstrafe wird entweder im Gefängnisse des Gerichtshofes oder im Bezirksgefängnisse vollzogen.

§. 40.

Die zur Gefängnißstrafe Verurtheilten sind der Einzelhaft bei Tag und Nacht in der Regel nur dann unterworfen, wenn ihre Strafzeit länger als ein Jahr dauert; in diesem Falle sind hinsichtlich der Einzelhaft die Bestimmungen des §. 30 anzuwenden.

Die zur Gefängnißstrafe Verurtheilten werden zu einer ihren Verhältnissen entsprechenden Arbeit angehalten, genießen aber das im §. 37 erwähnte Wahlrecht; außerhalb des Gefäng= nisses dürfen sie jedoch nur mit ihrer Einwilligung und nur zur öffentlichen Arbeit verwendet werden. Bezüglich der Ver= pflegung, Hausordnung und Disciplin sind sie den Gefängniß= Vorschriften unterworfen, diese sind aber milder, als die Zuchthaus= und Kerker=Vorschriften.

§. 41.

Aus besonders rücksichtswürdigen Gründen kann das Gericht im Urtheile die zur Gefängnißstrafe Verurtheilten von der Arbeit entheben, sowie auch gestatten, daß sie sich auf eigene Kosten verpflegen dürfen.

§. 42.

Bei solchen zur Gefängnißstrafe verurtheilten Personen, welche das zwanzigste Lebensjahr noch nicht überschritten haben, kann das Gericht zum Zwecke ihrer Besserung im Urtheile anordnen, daß sie ihre Strafzeit, falls diese sechs Monate nicht übersteigt, — oder wenn die Strafzeit länger dauern sollte, einen Theil derselben, — welcher aber sechs Monate nicht überschreiten darf, — in Einzelhaft zu verbringen haben.

Das Gericht kann im Urtheile auch aussprechen, daß solche jugendliche Individuen nicht in Einzelhaft zu halten, sondern anstatt dessen in eine Besserungsanstalt zu transportiren sind; wenn diese Verfügung im Urtheile nicht getroffen wurde, sich jedoch mit Rücksicht auf die Besserung als zweckmäßig darstellt, so kann sie durch den Justizminister über Vorschlag der Auf= sichtscommission angeordnet werden.

§. 43.

Mitglieder der Aufsichtscommission sind: der Präsident des Gerichtshofes, beziehungsweise dessen Stellvertreter, der Staatsanwalt, beziehungsweise der Staatsanwalt=Substitut, der Director (Inspector), der Seelsorger, der Lehrer, sowie zwei durch den Verwaltungs=Ausschuß des Municipiums gewählte Personen.

Bei einer Beschlußfassung, welche sich auf die Transportirung einer im Gefängnisse eines Bezirksgerichtes befindlichen jugendlichen Person in eine Besserungsanstalt bezieht, ist auch der betreffende Bezirksrichter einzuvernehmen.

§. 44.

Diejenigen, welche mindestens zu einer dreijährigen Zuchthaus- oder Kerkerstrafe verurtheilt worden sind, zwei Drittheile ihrer Strafzeit verbüßt haben und in Folge ihres Fleißes und ihrer guten Aufführung mit Grund auf ihre Besserung hoffen lassen, sind zur Abbüßung des noch rückständigen Theiles ihrer Strafe in eine Vermittlungsanstalt zu transportiren, wo sie gleichfalls mit Arbeiten beschäftigt werden, jedoch eine mildere Behandlung genießen.

§. 45.

Die zu lebenslänglicher Zuchthausstrafe Verurtheilten können nach Ablauf des zehnten Strafjahres und bei dem Vorhandensein der im §. 41 festgesetzten Bedingungen gleichfalls in die Vermittlungsanstalt transportirt werden.

§. 46.

Die Abführung an die Vermittlungsanstalt wird nach Einvernehmung der Aufsichtscommission durch den Justizminister angeordnet.

§. 47.

Die in der Vermittlungsanstalt befindlichen Sträflinge können im Falle eines Disciplinarvergehens in das Zuchthaus, beziehungsweise in den Kerker zurückgeschickt werden.

§. 48.

Der Justizminister kann die in der Vermittlungsanstalt befindlichen Sträflinge, wenn sie durch ihre gute Aufführung und ihren Fleiß die Hoffnung auf Besserung erfüllt haben, auf ihr eigenes Ansuchen und über Vorschlag der Aufsichtscommission bedingt entlassen, wenn sie drei Viertel ihrer Strafe, die zu lebenslänglicher Zuchthausstrafe Verurtheilten hingegen mindestens fünfzehn Jahre verbüßt haben.

Bedingungsweise können auf ihr eigenes Ansuchen und über Antrag der Aufsichtscommission auch jene Personen freigelassen werden, welche zu einer Zuchthausstrafe unter drei Jahren, oder zu einer Kerkerstrafe über ein Jahr, oder zu einer sonstigen Freiheitsstrafe verurtheilt wurden, wenn sie drei Viertel ihrer Strafe verbüßt haben und die sonstigen im §. 44 festgesetzten Bedingungen bei ihnen vorhanden sind.

§. 49.

Bedingungsweise können nicht freigelassen werden:
1) Ausländer,
2) Rückfällige in den Fällen der in den §§. 333, 344, 350, 355, 370, 379, 422, 423 und 424 angeführten Verbrechen oder Vergehen.

§. 50.

Die bedingungsweise Freigelassenen unterstehen bezüglich ihres Aufenthaltsortes, sowie ihrer Aufführung und Lebensweise besonderen Polizeivorschriften und der Justizminister kann, falls sie diese Vorschriften verletzen, die bedingte Freilassung widerrufen.

Nach erfolgtem Widerrufe der Freilassung ist der unterbrochene Vollzug der im Urtheile ausgesprochenen Strafe fortzusetzen; die in Freiheit zugebrachte Zeit wird jedoch in die Strafe nicht eingerechnet.

Wenn die Strafzeit ohne Widerruf der bedingten Freilassung abgelaufen ist, so wird die Strafe als verbüßt angesehen.

§. 51.

In dringenden Fällen steht den Verwaltungsbeamten, Gemeindevorstehern und Staatsanwälten das Recht zu, bedingungsweise entlassene Individuen sofort in Haft nehmen zu lassen; von der Verhaftung und deren Gründen ist jedoch zum Behufe der weiteren Verfügung der Justizminister unverzüglich in Kenntniß zu setzen.

Die Dauer dieser Haft ist, wenn die bedingungsweise Freilassung widerrufen wird, in die noch zu verbüßende Strafzeit einzurechnen.

§. 52.

Die Freiheitsstrafen sind insolange, als die den Bestimmungen dieses Hauptstückes entsprechenden Anstalten nicht eingeführt werden, nach den bestehenden Vorschriften zu vollziehen.

Die bedingungsweise Freilassung ist jedoch auch während dieser Zeit zulässig, und zwar ohne Rücksicht auf die Dauer der im Urtheile ausgesprochenen Freiheitsstrafe auch bezüglich Derjenigen, welche in eine Vermittlungsanstalt nicht transportirt wurden, wenn bei ihnen die sonstigen Bedingungen des §. 44, beziehungsweise 48 vorhanden sind.

Nach erfolgter Einführung und Einrichtung der diesem Gesetze entsprechenden Anstalten ist der Justizminister verpflichtet, die Verfügung zu treffen, daß nach Maßgabe der vorhandenen Anstalten die Verurtheilten und zwar auch Diejenigen, welche ihre Freiheitsstrafe schon angetreten haben, in diese Anstalten transportirt werden und den Rest ihrer Strafe in Gemäßheit des gegenwärtigen Gesetzes verbüßen.

§. 53.

Die Geldstrafe ist hinsichtlich jeder einzelnen Person besonders festzusetzen. In dem Urtheile muß gleichzeitig auch die Dauer der Freiheitsstrafe bestimmt werden, in welche die Geldstrafe im Falle der Uneinbringlichkeit umzuwandeln ist. Bei dieser Bestimmung kann für einen Betrag von einem bis zehn Gulden ein Tag berechnet werden.

Die Dauer der die Geldstrafe vertretenden Freiheitsstrafe darf jedoch, wenn Erstere eine Hauptstrafe bildet, sechs Monate, — wenn sie aber als Nebenstrafe ausgesprochen wurde, drei Monate nicht übersteigen; im ersteren Falle ist die Geldstrafe in Gefängniß, im letzteren dagegen in jene Freiheitsstrafe umzuwandeln, welche außer der Geldstrafe verhängt wurde.

In dem Falle, wenn auf lebenslängliches oder fünfzehnjähriges Zuchthaus oder Staatsgefängniß in gleicher Dauer erkannt wurde, ist eine Umwandlung der Geldstrafe in eine Freiheitsstrafe nicht zulässig.

Aus dem Nachlasse des Verurtheilten darf die Geldstrafe nur dann eingetrieben werden, wenn das Urtheil noch bei dessen Lebzeiten in Rechtskraft erwachsen ist.

§. 54.

In den durch dieses Gesetz bestimmten Fällen ist neben der Freiheitsstrafe auch noch der Amtsverlust und die zeit-

weilige Entziehung der politischen Rechte als Nebenstrafe, und
zwar zusammen oder einzeln auszusprechen.

In jenen Fällen hingegen, in welchen die durch den
Richter festgesetzte Strafe sechs Monate Gefängniß oder sechs
Monate Staatsgefängniß nicht übersteigt, kann, wenn überdies
auch auf eine Geldstrafe erkannt wurde, — desgleichen in jenen
Fällen, in denen als Hauptstrafe nur eine Geldstrafe verhängt
wurde (§. 92), vom Amtsverluste und der Entziehung der
politischen Rechte abgegangen werden.

§. 55.

Der zum Amtsverluste Verurtheilte verliert :

1) die im Wege der Ernennung oder Wahl erlangte
öffentliche Amts= oder Dienstesstellung; — ferner die auf Grund
einer behördlichen Bestätigung bekleidete Amts=, Dienstes= oder
sonstige Stellung und die hiermit verbundenen Pensions=
ansprüche, beziehungsweise die Pension oder den Gnadengehalt;

2) die Stellung als Advokat, öffentlicher Notar, öffent=
licher Professor oder öffentlicher Lehrer;

3) die ihm übertragene Vormundschaft oder Curatel;

4) die auf die Erben nicht übergehenden öffentlichen Titel,
inländischen Ordens= und Ehrenzeichen, sowie die Berechtigung
zur Tragung ausländischer Ordens= und Ehrenzeichen;

5) die Fähigkeit zur Erlangung der erwähnten Aemter,
Dienste, Stellungen und Auszeichnungen während der im Gesetze
bestimmten Zeit (§. 57).

§. 56.

Die Entziehung der politischen Rechte hat zur Folge, daß
der hiezu Verurtheilte

1) Mitglied des Reichstages oder einer Munizipal= oder
Gemeinde=Repräsentanz nicht sein kann;

2) Mitglied eines Geschwornengerichtes nicht sein kann;

3) bei Reichstags=, Munizipal= oder Gemeindewahlen kein
Wahlrecht besitzt.

§. 57.

Die Dauer des Amtsverlustes und der Entziehung der
Entziehung der politischen Rechte wird durch das Gericht
bestimmt.

Dieſe Zeit kann bei Vergehen auf ein bis drei Jahre, bei
Verbrechen auf drei bis zehn Jahre feſtgeſetzt werden und
beginnt mit der Beendigung der Freiheitsſtrafe, im Falle der
Verjährung hingegen mit der Beendigung derſelben.

Wenn die Todesſtrafe in eine Freiheitsſtrafe umgewandelt
wird, ſo muß die Dauer des Amtsverluſtes und der Entziehung
der politiſchen Rechte gleichzeitig mit der Umwandlung aus=
geſprochen werden.

§. 58.

Wer zum Amtsverluſte und zur Entziehung der politiſchen
Rechte verurtheilt worden iſt, kann nach vollſtreckter Freiheits=
ſtrafe von der Zeit angefangen, in welcher er ſeine politiſchen
Rechte wieder anüben darf, öffentliche Aemter oder von
behördlicher Beſtätigung abhängige Aemter, Stellungen oder
Dienſte wieder bekleiden.

Jene Eltern, welche ihre Freiheitsſtrafe verbüßt haben,
werden durch gegenwärtiges Geſetz an der Uebernahme der Vor=
mundſchaft, beziehungsweiſe Curatel über ihre Kinder nicht
gehindert.

§. 59.

Der Verurtheilte wird während der Dauer der Freiheits=
ſtrafe der im §. 55 angeführten Aemter, Stellungen und Dienſte,
ſowie der Ausübung der politiſchen Rechte und des Rechtes zum
Gebrauche von Titeln, Ordens= und Ehrenzeichen kraft des
Geſetzes verluſtig, wenn dies im Urtheile auch nicht ausdrücklich
ausgeſprochen worden wäre.

Während dieſer Zeit erliſcht auch der Genuß der mit den
erwähnten Aemtern, Dienſten, Ordens= und Ehrenzeichen ver=
bundenen Bezüge oder anderweitigen Benefizien, ſowie der
Penſionen und Gnadengehalte.

§. 60.

Im beſonderen Theile dieſes Geſetzes ſind jene Fälle an=
geführt, in welchen dem Verurtheilten die Ausübung ſolcher
Beſchäftigungen, welche eine beſondere Fachbildung erfordern,
unterſagt werden muß.

§. 61.

Jene Gegenſtände, welche in Folge eines Verbrechens oder
Vergehens zu Stande gekommen ſind, oder aber zur Verübung

eines Verbrechens oder Vergehens gedient haben, — müssen, insofern sie ein Eigenthum des Thäters oder Theilnehmers bilden, confiszirt werden; wenn aber deren Besitz, Gebrauch oder Verbreitung überhaupt verboten ist, so sind sie auch dann zu confisziren und zu vernichten, wenn sie das Eigenthum eines Dritten bilden.

Der Erlös der confiszirten Gegenstände ist, wenn sie nicht vernichtet werden, zu jenen Zwecken zu verwenden (§. 27), für welche die Geldstrafen bestimmt sind.

§. 62.

Wenn die strafbare Handlung durch Veröffentlichung oder Verbreitung eines Druckwerkes, einer Schrift oder einer bild= lichen Darstellung begangen wurde, so muß die Confiszirung und Vernichtung der im Besitze des Verfassers, Druckers, Ver= schleißers oder Verbreiters, sowie auch des öffentlichen Aus= stellers befindlichen Exemplare, Formen oder Platten auch dann im Urtheile ausgesprochen werden, wenn das Strafverfahren gegen Niemanden eingeleitet werden kann.

§. 63.

Unter einem Druckwerke wird die Vervielfältigung einer Schrift oder bildlichen Darstellung im Wege der Druckerpresse, des Stiches, einer Form, einer Maschine oder einer anderen mechanischen oder chemischen Vorrichtung verstanden.

§. 64.

. Ausländer können wegen eines Verbrechens neben der im besonderen Theile bestimmten Strafe auch noch zur Ausweisung aus dem Lande verurtheilt werden, ebenso kann man ihnen die Rückkehr für immer oder für eine bestimmte Zeit untersagen.

IV. Hauptstück.
Versuch.

§. 65.

Jene Handlung, durch welche die Ausführung eines beab= sichtigten Verbrechens oder Vergehens begonnen, aber nicht vollendet wurde, bildet den Versuch des begonnenen Verbrechens oder Vergehens.

Der Verſuch des Verbrechens iſt immer, —· jener des Ver=
gehens dagegen nur in den im beſonderen Theile des gegen=
wärtigen Geſetzes beſtimmten Fällen zu beſtrafen.

§. 66.

Der Verſuch iſt milder zu beſtrafen, als das vollendete
Verbrechen oder Vergehen.

Bei der Beſtrafung des Verſuches kann auch unter das
niedrigſte, auf das vollendete Verbrechen oder Vergehen geſetzte
Strafausmaß herabgegangen, ja ſogar eine mildere Strafart
als die geſetzliche bemeſſen werden.

In jenen Fällen, in denen das Geſetz auf das vollendete
Verbrechen die Todesſtrafe oder lebenslängliches Zuchthaus aus=
ſpricht, wird der Verſuch mit Zuchthausſtrafe auf eine beſtimmte
Zeit beſtraft; Letztere darf aber bei den mit dem Tode zu be=
ſtrafenden Verbrechen nicht weniger als fünf, — bei den mit
lebenslänglichem Zuchthauſe zu ahndenden Verbrechen nicht
weniger als drei Jahre betragen.

§. 67.

Der Verſuch wird nicht beſtraft:

1) wenn der Thäter von der Vollendung des Verbrechens
oder Vergehens aus eigenem Antriebe abgeſtanden iſt;

2) wenn er den zum Thatbeſtande des Verbrechens oder
Vergehens gehörigen Erfolg aus eigenem Antriebe abgewendet
hat, bevor ſeine That entdeckt worden iſt.

§. 68.

Die Verfügung des §. 67 ſchließt die Beſtrafung der Ver=
ſuchshandlung nicht aus, wenn dieſe als ſolche im Sinne des
§. 67 zwar nicht beſtraft werden kann, jedoch ſchon an und für
ſich den Thatbeſtand einer ſtrafbaren Handlung bildet.

V. Hauptſtück.
Theilnahme.

§. 69.

Theilnehmer an einem vollbrachten oder verſuchten Ver=
brechen oder Vergehen iſt Derjenige:

1) wer einen Anderen zur Verübung des Verbrechens oder
Vergehens vorſätzlich anſtiftet (der Anſtifter);

2) wer die Verübung des Verbrechens oder Vergehens vor=
sätzlich befördert oder erleichtert, oder einen Anderen zur Be=
förderung oder Erleichterung anstiftet; ebenso auch Derjenige,
welcher sich mit Anderen über die bei Verübung der That oder
nach derselben zu leistende Hilfe, oder über die Sicherung des
aus der That stammenden Nutzens, oder aber über die Ver=
eitlung der behördlichen Maßregeln in Vorhinein verabredet
(der Gehilfe).

§. 70.

Als Thäter werden alle Diejenigen angesehen, welche das
Verbrechen oder Vergehen zusammen oder gemeinschaftlich
verüben.

§. 71.

Die Thäter und deren Anstifter unterliegen der auf das
verübte Verbrechen oder Vergehen angedrohten Strafe.

§. 72.

Bei Bestimmung der Strafe für die Gehilfen dienen die
auf den Versuch sich beziehenden Vorschriften (§. 66) als
Richtschnur.

§. 73.

Wenn der Thäter eine solche Handlung begangen hat,
welche strafbarer ist, als jene Handlung, zu welcher ihn der
Anstifter veranlaßt hat, so wird die schwerer zu bestrafende
Handlung dem Anstifter nicht zur Last gelegt. Eben dasselbe
gilt auch hinsichtlich der Gehilfen.

§. 74.

Persönliche Eigenschaften oder Verhältnisse des Thäters
oder Theilnehmers, welche die Strafbarkeit der begangenen
Handlung aufheben, oder die Strafe mildern oder erschweren,
können in Betreff der übrigen Thäter und Theilnehmer nicht
berücksichtigt werden.

VI. Hauptstück.
Vorsatz und Fahrlässigkeit.

§. 75.

Als Verbrechen sind nur vorsätzlich begangene Handlungen
anzusehen.

Das Gleiche gilt auch von Vergehen, ausgenommen, wenn eine aus Fahrläſſigkeit (culpa) begangene Handlung im beſon= deren Theile des Geſetzes als ein Vergehen erklärt wird.

VII. Hauptſtück.
Gründe, welche die Strafbarkeit ausſchließen oder mildern.

§. 76.

Eine Handlung darf Demjenigen nicht zugerechnet werden, welcher dieſelbe in einem Zuſtande von Bewußtloſigkeit oder geſtörter Geiſtesthätigkeit begangen, und in Folge deſſen die Fähigkeit der freien Willensbeſtimmung nicht beſeſſen hat.

§. 77.

Eine Handlung darf nicht zugerechnet werden, wenn der Thäter zu derſelben durch unwiderſtehliche Gewalt oder durch eine ſolche Drohung genöthigt worden iſt, welche ſein oder ſeiner Angehörigen Leben oder körperliches Wohl unmittelbar gefähr= det hat, wenn die Gefahr auf eine andere Art nicht abgewen= det werden könnte.

§. 78.

Als Angehörige werden betrachtet : Verwandte und Ver= ſchwägerte in auf= und abſteigender Linie, Geſchwiſter, Geſchwiſter= kinder und nähere Verwandte, Adoptiv= und Pflegeeltern, Adop= tiv= und Pflegekinder, Ehegatten und Verlobte, ſowie die Ehe= gatten der Geſchwiſter und die Geſchwiſter des anderen Ehe= gatten.

§. 79.

Ferner iſt die Zurechnung einer Handlung auch im Falle einer berechtigten Vertheidigung (der Nothwehr) ausgeſchloſſen.

Unter Nothwehr verſteht man jene Vertheidigung, welche zur Abwendung eines gegen die Perſon oder das Vermögen des Angegriffenen oder eines Anderen gerichteten oder daſſelbe bedrohenden unberechtigten und unmittelbaren Angriffes nöthig iſt.

Die Ueberſchreitung der Grenzen der Nothwehr aus Furcht, Schrecken oder Beſtürzung iſt nicht ſtrafbar.

§. 80.

Diejenige Handlung, welche im Nothſtande begangen wurde, um das Leben des Thäters oder ſeiner Angehörigen aus einer

2*

zufällig entstandenen und auf eine andere Art nicht abzuwen=
denden unmittelbaren Gefahr zu retten, ist nicht strafbar.

§. 81.

Die Unkenntniß oder irrige Auffassung des Strafgesetzes
schließt die Zurechnung nicht aus.

§. 82.

Thatumstände, welche zum Thatbestande eines Verbrechens
oder Vergehens gehören, oder eine schwerere Zurechnung des=
selben begründen, können nicht zugerechnet werden, wenn der
Thäter von ihnen zur Zeit der Verübung der Handlung keine
Kenntniß hatte.

Auf solche Handlungen, welche aus Fahrlässigkeit begangen
worden sind, ist diese gesetzliche Bestimmung nur in dem Falle
anwendbar, wenn die Unkenntniß der erwähnten Umstände nicht
schon an sich eine Fahrlässigkeit bildet.

§. 83.

Wer zur Zeit der Verübung eines Verbrechens oder Ver=
gehens das zwölfte Lebensjahr noch nicht zurückgelegt hat, kann
nicht strafrechtlich verfolgt werden.

§. 84.

Wer zur Zeit der Verübung eines Verbrechens oder Ver=
gehens das zwölfte Lebensjahr bereits zurückgelegt, das sechs=
zehnte Lebensjahr aber noch nicht erreicht hat, kann, wenn ihm
die zur Erkenntniß der Strafbarkeit seiner Handlung erforder=
liche Einsicht gefehlt hat, wegen dieser Handlung nicht gestraft
werden.

Ein solcher Minderjähriger kann aber zur Unterbringung
in eine Besserungsanstalt verurtheilt werden, in welcher er
jedoch nicht über das zwanzigste Lebensjahr gehalten wer=
den darf.

§. 85.

Wenn solche jugendliche Personen, welche in dem in vor=
hergehenden Paragraphen bezeichneten Alter stehen, zur Zeit
der Begehung der Handlung im Stande waren, die Strafbar=
keit derselben einzusehen, so sind sie nach den folgenden Bestim=
mungen zu bestrafen :

1) wegen eines Verbrechens, auf welches Todes= oder lebenslängliche Zuchthausſtrafe geſetzt iſt, mit Kerker von zwei bis zu fünf Jahren;

2) wegen eines Verbrechens, auf welches Zuchthaus oder Staatsgefängniß von fünf bis zu fünfzehn Jahren geſetzt iſt, mit Kerker, beziehungsweiſe Staatsgefängniß bis zu zwei Jahren;

3) wegen eines anderen Verbrechens mit Gefängniß bis zu zwei Jahren;

4) wegen eines Vergehens mit einer Polizeiſtrafe.

Bei ſolchen Perſonen, welche im Sinne dieſes Paragraphen zu beſtrafen ſind, kann auf Amtsverluſt oder Entziehung der politiſchen Rechte nicht erkannt werden.

§. 86.

Die nach dem vorigen Paragraphen zu beſtrafenden Per= ſonen müſſen während der ganzen Dauer der Freiheitsſtrafe von den übrigen Gefangenen abgeſondert werden.

§. 87.

Wer zur Zeit der Begehung des Verbrechens das zwan= zigſte Lebensjahr noch nicht zurückgelegt hat, darf zur Todes= oder lebenslänglichen Zuchthausſtrafe nicht verurtheilt werden.

§. 88.

Taubſtumme können wegen eines Verbrechens oder Ver= gehens nicht beſtraft werden, wenn ſie die zur Erkenntniß der Strafbarkeit ihrer Handlungen nöthige Einſicht nicht beſitzen.

§. 89.

Bei Bemeſſung der Strafen ſind die auf den Grad der Schuld einen Einfluß ausübenden, erſchwerenden oder mildern= den Umſtände zu berückſichtigen.

§. 90.

Wenn die erſchwerenden Umſtände an Zahl oder Gewicht überwiegend ſind, ſo iſt entweder das höchſte Ausmaß der auf die verübte Handlung geſetzten Strafe annähernd oder das höchſte Ausmaß ſelbſt anzuwenden.

§. 91.

Wenn jedoch die mildernden Umſtände überwiegend ſind, ſo iſt entweder das geringſte Ausmaß der auf die Handlung

gesetzten Strafe annähernd oder das geringste Ausmaß selbst
anzuwenden.

In einem solchen Falle ist die Todesstrafe in lebensläng=
liches Zuchthaus, lebenslängliches Zuchthaus hingegen in fünf=
zehnjähriges Zuchthaus umzuwandeln.

§. 92.

In dem Falle, wenn die mildernden Umstände so schwer=
wiegend sind oder in einer so großen Anzahl vorkommen, daß
auch das geringste Ausmaß der auf die Handlung gesetzten
Strafe unverhältnißmäßig schwer wäre, kann die betreffende
Strafart auf das niedrigste Ausmaß herabgesetzt werden, und
wenn auch dieses zu strenge wäre, so kann an Stelle der zeitigen
Zuchthausstrafe Kerker, — an Stelle der Kerkerstrafe Gefäng=
niß, — an Stelle des Gefängnisses eine Geldstrafe — im
niedrigsten Ausmaße dieser Strafarten treten.

An Stelle der Todesstrafe darf aber auch im Falle dieses
Paragraphen keine geringere als fünfzehnjährige Zuchthaus=
strafe, — an Stelle der lebenslänglichen Zuchthausstrafe hin=
gegen keine geringere als zehnjährige Zuchthausstrafe aus=
gesprochen werden.

§. 93.

An Stelle der zeitigen Zuchthausstrafe ist auch außer den
im vorigen Paragraphen festgesetzten Fällen auf Kerker zu er=
kennen, wenn die Zuchthausstrafe mit Rücksicht auf das hohe
Alter oder die körperliche Schwäche des Verbrechers überhaupt
als zu schwer erscheinen sollte.

In diesem Falle kann aber die Dauer der Kerkerstrafe bis
zum höchsten Ausmaße der zeitigen Zuchthausstrafe erhöht
werden.

§. 94.

Die ohne Verschulden des Beschuldigten eingetretene lange
Untersuchungshaft ist in die Freiheits= oder Geldstrafe ein=
zurechnen, und im Urtheile muß stets ausgesprochen werden,
welcher Theil der Strafe derart als abgebüßt angenommen
wird. Bei dieser Festsetzung kann aber, insofern es sich um
eine Freiheitsstrafe handelt, die Untersuchungshaft höchstens
eine gleiche Dauer der Strafe ersetzen.

VIII. Hauptſtück.

Zuſammentreffen mehrerer ſtrafbarer Handlungen.

§. 95.

Wenn eine Handlung mehrere Beſtimmungen des Straf=
geſetzes verletzt, ſo iſt von dieſen jene Beſtimmung anzuwenden,
welche die ſchwerſte Strafe, beziehungsweiſe die ſchwerſte Straf=
art ausſpricht.

§. 96.

Wenn eine Perſon mehrere ſtrafbare Handlungen oder
dieſelbe ſtrafbare Handlung mehrmals begangen hat, ſo iſt für
die einzelnen Handlungen zuſammen auf eine Geſammtſtrafe
zu erkennen.

Die Geſammtſtrafe iſt in der ſchwerſten Strafart, welche
auf die vom Beſchuldigten verübten Handlungen beſtimmt iſt,
auszuſprechen; wenn dieſe in einer zeitigen Freiheitsſtrafe beſteht,
ſo kann die längſte Dauer derſelben mit den in den folgenden
§§. feſtgeſetzten Beſchränkungen auch verlängert werden.

§. 97.

Im Falle des Zuſammentreffens von Vergehen, oder von
Vergehen und Uebertretungen, iſt die ſchwerſte der auf dieſe
Handlungen geſetzten Strafen anzuwenden, und kann die auf
die ſchwerſte Handlung geſetzte Freiheitsſtrafe um ein Jahr
erhöht werden.

§. 98.

Im Falle des Zuſammentreffens eines Verbrechens mit
anderen ſtrafbaren Handlungen iſt die auf das Verbrechen
geſetzte Strafe anzuwenden, und die bezügliche zeitige Freiheits=
ſtrafe kann, je nach der Schwere der übrigen Handlungen, um
zwei Jahre erhöht werden.

§. 99.

Bei dem Zuſammentreffen mehrerer Verbrechen oder
überdies auch anderer ſtrafbarer Handlungen iſt die auf dieſe
Handlungen geſetzte ſchwerſte Strafe anzuwenden, und wenn
dieſe eine zeitige Freiheitsſtrafe iſt, ſo kann die längſte Dauer
derſelben um fünf Jahre verlängert werden.

§. 100.

Im Falle der §§. 98 und 99 darf die erhöhte Freiheits=
strafe fünfzehn Jahre nicht übersteigen.

§. 101.

Unter verschiedenartigen Freiheitsstrafen ist die auf Ver=
brechen gesetzte Strafe, und unter diesen jene, welche längere
Zeit dauert, als die schwerere anzusehen.

Bei gleicher Dauer entscheidet die im §. 20 festgesetzte
Reihenfolge.

Wenn aber mit Staatsgefängniß und Zuchthaus oder
Kerker zu bestrafende Handlungen zusammentreffen, und die
Strafe des Staatsgefängnisses die längste ist, so muß diese
Strafe in jene Strafart, welche auf die vorliegenden Hand=
lungen gesetzt ist und hinsichtlich der Dauer jener des Staats=
gefängnisses am nächsten steht, umgewandelt werden; die Dauer
dieser Strafe wird durch den Richter entsprechend der Dauer
des Staatsgefängnisses festgesetzt.

Die Bestimmungen dieses Paragraphen sind auch bei dem
Zusammentreffen mehrerer Vergehen — oder mehrerer Vergehen
mit anderen strafbaren Handlungen anzuwenden.

§. 102.

Die Geldstrafe ist für jede strafbare Handlung besonders
festzusetzen.

Wenn anstatt mehrerer Geldstrafen auf eine Freiheitsstrafe
erkannt wird, so darf deren längste Dauer die doppelte Dauer
der im §. 53 bestimmten Strafsätze nicht überschreiten.

§. 103.

Die Anordnungen dieses Gesetzes über den Amtsverlust,
die Entziehung der politischen Rechte, die Ausweisung und die
Beschlagnahme sind innerhalb der Beschränkungen des §. 57
auch dann anzuwenden, wenn sie im besonderen Theile dieses
Gesetzes auch nur auf eine der verübten Handlungen gesetzt sind.

§. 104.

Die in diesem Hauptstücke enthaltenen Bestimmungen sind
auch dann anzuwenden:

1) wenn Jemand durch verſchiedene Urtheile zu mehreren verſchiedenartigen Freiheitsſtrafen verurtheilt worden iſt;

2) wenn der Verurtheilte während der Vollſtreckung der Freiheitsſtrafe wegen einer anderen ſtrafbaren Handlung, welche er bereits vor ſeiner rechtskräftigen Verurtheilung begangen hat, neuerdings zu einer zeitigen Freiheitsſtrafe verurtheilt wird.

IX. Hauptſtück.

Gründe, welche die Einleitung des Strafverfahrens und die Vollſtreckung der Strafe ausſchließen.

§. 105.

Das Strafverfahren wird ausgeſchloſſen:

1) durch den Tod des Beſchuldigten,

2) durch die Begnadigung ſeitens des Königs;

3) durch die Verjährung.

§. 106.

Durch Verjährung wird das Strafverfahren ausgeſchloſſen:

1) nach Ablauf von zwanzig Jahren, wenn auf das begangene Verbrechen Todes= oder lebenslängliche Zuchthausſtrafe,

2) nach Ablauf von fünfzehn Jahren, wenn auf das begangene Verbrechen eine Freiheitsſtrafe von mehr als zehn Jahren,

3) nach Ablauf von zehn Jahren, wenn auf das begangene Verbrechen eine Freiheitsſtrafe von mehr als fünf Jahren,

4) nach Ablauf von fünf Jahren, wenn auf das begangene Verbrechen eine geringere Strafe geſetzt iſt.

Bei Vergehen verjährt die Strafverfolgung nach Ablauf von drei Jahren.

§. 107.

Die Verjährung beginnt:

1) bei vollendeten Verbrechen oder Vergehen mit dem Tage, an welchem daſſelbe vollendet worden iſt,

2) bei verſuchten Verbrechen oder Vergehen mit dem Tage, an welchem die letzte, auf die Ausführung abzielende Handlung begangen worden iſt.

§. 108.

Die Verjährung wird durch einen Beſchluß oder eine Ver=
fügung des Gerichtes unterbrochen, welche wegen des verübten
Verbrechens oder Vergehens gegen den Thäter oder Theilnehmer
gerichtet iſt. Die Verjährung beginnt jedoch am Tage des Be=
ſchluſſes oder der Verfügung vom Neuen.

Die Verjährung wird nur in Betreff jener Perſon unter=
brochen, auf welche ſich die richterliche Verfügung bezieht.

§. 109.

Wenn die Einleitung oder Fortſetzung des Strafverfahrens
von der behördlichen Entſcheidung einer Vorfrage abhängig iſt,
ſo ruht die Verjährung bis zur rechtskräftigen Entſcheidung
über die Vorfrage.

§. 110.

Wegen eines Verbrechens oder Vergehens, welches nur
über Antrag der verletzten Partei verfolgt werden kann, darf
das Strafverfahren ohne Antrag des Berechtigten nicht einge=
leitet werden.

§. 111.

Wenn jedoch in dem, im §. 95 bezeichneten Falle außer
einer ſolchen Geſetzesverletzung, wegen welcher das Strafver=
fahren nur über Antrag der Privatpartei eintritt, auch eine
von Amtswegen zu verfolgende ſtrafbare Handlung begangen
worden iſt, ſo wird hinſichtlich der letzteren das Strafverfahren
dadurch nicht ausgeſchloſſen, daß die Privatpartei ihr Antrags=
recht nicht geltend macht, oder auf dasſelbe zu verzichten
erklärt.

§. 112.

Der Antrag der Privatpartei muß binnen drei Monaten
von dem Tage an geſtellt werden, an welchem der zum An=
trage Berechtigte von dem verübten Verbrechen oder Vergehen
und von dem Thäter Kenntniß erlangt hat, wenn die Strafbarkeit
der Handlung mittlerweile nicht in Folge der Verjährung er=
loſchen iſt.

Ausgenommen ſind nur jene Fälle, in denen das Straf=
verfahren wegen einer, in der Regel nur über Antrag der

Privatpartei zu bestrafenden Handlung von Amtswegen eingeleitet werden muß.

§. 113.

Zu diesem Antrage ist berechtigt: die verletzte Partei, wenn sie das sechzehnte Lebensjahr bereits vollendet hat; im entgegengesetzten Falle deren gesetzlicher Vertreter.

Bei Minderjährigen und unter Curatel stehenden Verschwendern hat deren gesetzlicher Vertreter den Antrag zu stellen, wenn es sich um solche Verbrechen und Vergehen handelt, welche gegen das Vermögen gerichtet sind.

Bei anderen unter Curatel stehenden Personen steht deren gesetzlichem Vertreter das Recht zur Antragstellung auch im Falle anderer Verbrechen und Vergehen zu.

Wenn aber das Verbrechen oder Vergehen an der verletzten Partei durch deren gesetzlichen Vertreter oder Curator verübt worden ist, so muß das Strafverfahren von Amtswegen eingeleitet werden.

§. 114.

Wenn bezüglich eines und desselben Verbrechens oder Vergehens das Recht der Antragstellung mehreren Privatpersonen zusteht, so wird durch die Unterlassung oder Verzichtleistung eines Einzelnen das Recht der Uebrigen nicht aufgehoben.

§. 115.

Wenn bei der Begehung eines Verbrechens oder Vergehens Mehrere (als Thäter, Theilnehmer) mitgewirkt haben, und das Strafverfahren gegen Alle nur über Antrag der Privatpartei eingeleitet werden kann, so zieht die Stellung des Antrages gegen Einen von ihnen die Einleitung des Strafverfahrens gegen Alle nach sich.

Wenn sich unter den Mitwirkenden auch solche befinden, gegen welche das Strafverfahren von Amtswegen eingeleitet werden muß, so wird die Einleitung desselben gegen Letztere durch die Unterlassung des Antrages der Privatpartei nicht gehindert.

§. 116.

Die Privatpartei kann, insoweit das Gesetz keine Ausnahme enthält, ihren Antrag vor Verkündigung des Urtheiles

auch zurückziehen. Im Falle des §. 115 hat aber die Zurück=
ziehung des Antrages gegen Einen der Mitwirkenden die
Einstellung des Verfahrens auch gegen die Uebrigen zur
Folge.

Nach erfolgter Verkündigung des Urtheiles ist die Zurück=
ziehung wirkungslos.

§. 117.

Die Vollstreckung der rechtskräftig festgesetzten Strafe
wird ausgeschlossen:

1) durch den Tod des Verurtheilten;
2) durch Begnadigung seitens des Königs;
3) durch die Verjährung.

§. 118.

Die Beschlagnahme der in den §§. 61 und 62 erwähnten
Gegenstände wird durch den Tod des Eigenthümers nicht auf=
gehoben. Diese Gegenstände sind auch dann zu confisciren,
wenn der Beschuldigte vor der Verurtheilung gestorben ist.

In Bezug auf die Eintreibung der Geldstrafen ist die
Anordnung des §. 53 maßgebend.

§. 119.

Die Begnadigung seitens des Königs erstreckt sich nicht
auf die Zurückstellung der confiscirten Gegenstände, oder auf
die Nachsicht der Kosten des Verfahrens, der Prozeßkosten, oder
einer der verletzten Partei gebührenden Geldstrafe.

§. 120.

Durch Verjährung wird die Vollstreckung der Strafe bei
Verbrechen ausgeschlossen:

1) nach Ablauf von fünfundzwanzig Jahren, wenn das
Urtheil auf Tod oder lebenslängliches Zuchthaus lautet;

2) nach Ablauf von zwanzig Jahren, wenn das Urtheil
auf zeitiges Zuchthaus oder Staatsgefängniß in der Dauer
von mehr als zehn Jahren lautet;

3) nach Ablauf von fünfzehn Jahren, wenn das Urtheil
auf eine Freiheitsstrafe zwischen fünf und zehn Jahren lautet;

4) nach Ablauf von zehn Jahren, wenn das Urtheil auf eine geringere, als die unter 3) angeführte Strafe lautet.

Im Falle der Verurtheilung wegen eines Vergehens ver= jährt die Vollſtreckung der Strafe nach Ablauf von fünf Jahren.

§. 121.

Die Verjährung beginnt an jenem Tage, an welchem das Urtheil in Rechtskraft erwachſen iſt, wenn jedoch der Vollzug der Strafe bereits begonnen hat, an jenem Tage, an welchem derſelbe durch die Entweichung des Verurtheilten unterbrochen worden iſt.

§. 122.

Die neben der Freiheitsſtrafe bemeſſene Geldſtrafe verjährt gleichzeitig mit der Hauptſtrafe.

§. 123.

Die Wirkung der Verjährung erſtreckt ſich weder auf den durch ein rechtskräftiges Urtheil ausgeſprochenen Verluſt des Amtes, noch auf die Entziehung der politiſchen Rechte.

§. 124.

Die Verjährung wird durch jede, auf den Vollzug der Strafe gerichtete und auf die Perſon des Verurtheilten ſich be= ziehende Verfügung der competenten Behörde, insbeſondere durch deſſen Verhaftung unterbrochen.

Am Tage einer ſolchen Verfügung beginnt jedoch die Ver= jährung von Neuem.

§. 125.

In Betreff des im Strafurtheile zugeſprochenen vermögens= rechtlichen Erſatzes iſt die Verjährung, ſowie deren Unterbrechung nach den bürgerlichen Geſetzen zu beurtheilen.

Zweiter Theil.

Von den einzelnen Arten der Verbrechen und Vergehen, und von ihrer Bestrafung.

I. Hauptstück.

Hochverrath.

§. 126.

Das Verbrechen des Hochverrathes begeht:

1) wer den König ermordet oder vorsätzlich tödtet, oder eine dieser Handlungen zu vollbringen versucht;

2) wer den König am Körper oder an der Gesundheit verletzt, oder zur Regierung unfähig macht;

3) wer den König in Feindesgewalt liefert, ihn an der Ausübung der Regierungsrechte hindert, oder ihn seiner persönlichen Freiheit durch Gewalt oder Drohungen beraubt;

4) wer die Vollbringung einer in den vorhergehenden zwei Punkten angeführten Handlung versucht.

§. 127.

Das Verbrechen des Hochverrathes bildet auch eine solche Handlung, welche unmittelbar darauf gerichtet ist, damit:

1) die gesetzliche Thronfolgeordnung gewaltsam geändert,

2) die Verfassung des ungarischen Staates, die Staatsgemeinschaft zwischen den Ländern des ungarischen Staates oder der Verband zwischen dem ungarischen Staate und dem anderen Staate der österreichisch=ungarischen Monarchie gewaltsam geändert,

3) das Gebiet des ungarischen Staates oder des anderen Staates der österreichisch=ungarischen Monarchie, oder irgend ein Theil dieser Gebiete einer fremden Macht gewaltsam einverleibt, oder von jenem Staate, zu welchem derselbe gehört, gewaltsam losgerissen werde.

§. 128.

Der Hochverrath ist im Falle des §. 126, Abs. 1) mit dem Tode, im Falle des Abs. 2) und 3) mit lebenslänglichem

Zuchthaus, im Falle des Abſ. 4) hingegen mit Zuchthaus von zehn bis zu fünfzehn Jahren zu beſtrafen.

§. 129.

Wer ſich des Hochverrathes in den Fällen des §. 127 Abſ. 1) und 2) ſchuldig macht, iſt mit Staatsgefängniß von zehn bis zu fünfzehn Jahren zu beſtrafen.

Wer dagegen den im §. 127 Abſ. 3) erwähnten Hochver= rath begeht, iſt mit lebenslänglichem Zuchthaus zu beſtrafen.

§. 130.

Die Verbindung zum Behufe der Begehung des im §. 126 erwähnten Hochverrathes iſt, falls keine auf die Ausführung des Verbrechens gerichtete vorbereitende Handlung vorliegt, mit Zuchthaus bis zu fünf Jahren, wenn aber auch eine der= artige vorbereitende Handlung begangen wurde, mit fünf bis zu zehn Jahren zu beſtrafen.

§. 131.

Die Verbindung zum Behufe der Begehung des im §. 127 unter 1) und 2) bezeichneten Hochverrathes iſt je nach der im §. 130 angeführten Unterſcheidung mit Staatsgefängniß bis zu fünf, beziehungsweiſe von fünf bis zu zehn Jahren zu beſtrafen.

Nach eben derſelben Unterſcheidung iſt die Verbindung mit Zuchthaus bis zu fünf, beziehungsweiſe von fünf bis zu zehn Jahren zu beſtrafen, wenn ſie zum Behufe der Verübung des im §. 127 unter 3) bezeichneten Verbrechens zu Stande ge= kommen iſt.

§. 132.

Die Verbindung wird als zu Stande gekommen angeſehen, wenn zwei oder mehrere Perſonen die Ausführung des Hoch= verrathes im gemeinſamen Einverſtändniſſe beſchließen.

§. 133.

Wer Vorbereitungen zur Begehung des im §. 126 be= zeichneten Hochverrathes trifft, ohne ſich hierzu mit einem Anderen zu verbinden, iſt mit Zuchthaus bis zu fünf Jahren zu beſtrafen.

§. 134.

Wer öffentlich in einer Versammlung mündlich, oder wer durch Verbreitung oder öffentliche Ausstellung einer Schrift, eines Druckwerkes oder einer bildlichen Darstellung zum Hoch= verrathe unmittelbar auffordert, ist, insofern er den Inhalt, beziehungsweise die Bedeutung der Schrift, des Druckwerkes oder der bildlichen Darstellung gekannt hat, mit Zuchthaus von fünf bis zu zehn Jahren, im Falle der unmittelbaren Aufforderung zur Verübung des im §. 127 unter 1) und 2) bezeichneten Hochverrathes hingegen mit Staatsgefängniß von fünf bis zu zehn Jahren zu bestrafen.

Wenn die Aufforderung ganz erfolglos geblieben ist, so darf die Strafe fünf Jahre Staatsgefängniß nicht überschreiten.

§. 135.

Wer davon, daß eine hochverrätherische Handlung beab= sichtigt wird, zu einer solchen Zeit Kenntniß erhält, wo deren Verhinderung noch möglich ist, und hierüber die Anzeige an die Obrigkeit nicht erstattet, wird mit Staatsgefängniß bis zu drei Jahren bestraft, ausgenommen, das beabsichtigte Verbrechen wäre unterblieben.

Die Angehörigen des Thäters oder Theilnehmers (§. 78) werden wegen Unterlassung der Anzeige nicht bestraft.

§. 136.

Die Strafbarkeit der in den §§. 126, 127, 130, 131, 133 und 134 bezeichneten Handlungen erlischt, wenn der Schuldige freiwillig und bevor die Handlung entdeckt worden ist, von der Vorbereitung oder begonnenen Ausführung zurück= tritt, und jede aus der Thätigkeit der Thäter, Theilnehmer und Verbündeten entstandene nachtheilige Folge abwendet, oder wenn diese Folgen auf Grund seiner bei der Behörde rechtzeitig erstatteten Anzeige abgewendet werden.

§. 137.

Wegen Theilnahme an einer hochverrätherischen Verbindung wird Derjenige nicht gestraft, welcher, bevor noch außer der Vereinbarung selbst etwas unternommen worden ist, und bevor

die Obrigkeit die Verbindung entdeckt hat, von derſelben zurück=
tritt und nicht nur von ſeinem Rücktritte die übrigen Mitglieder
der Verbindung in Kenntniß ſetzt, ſondern ſich auch beſtrebt,
dieſelben zum Aufgeben ihres Unternehmens zu bewegen, oder
aber die Verbindung der Behörde anzeigt.

§. 138.

Wegen der in dieſem Hauptſtücke bezeichneten Verbrechen
iſt neben der Freiheitsſtrafe auch auf Amtsverluſt und Ent=
ziehung der politiſchen Rechte zu erkennen.

II. Hauptſtück.
Thätlichkeit gegen den König und die Mitglieder des königlichen Hauſes, ſowie Beleidigung des Königs.

§. 139.

Wer eine Thätlichkeit gegen den König verübt, begeht —
inſofern ſeine Handlung nicht einen Hochverrath bildet — das
Verbrechen der thätlichen Beleidigung des Königs und iſt mit
Zuchthaus von zehn bis zu fünfzehn Jahren, Amtsverluſt und
Entziehung der politiſchen Rechte zu beſtrafen.

§. 140.

Wer den König beleidigt, iſt wegen Vergehens mit Gefäng=
niß bis zu zwei Jahren und mit Amtsverluſt zu beſtrafen.

Wer jedoch die Beleidigung durch Verbreitung oder öffent=
liche Ausſtellung einer Schrift, eines Druckwerkes oder einer
bildlichen Darſtellung verübt, iſt wegen Vergehens mit
Staatsgefängniß bis zu drei Jahren und mit Amtsverluſt zu
beſtrafen.

§. 141.

Wer gegen ein Mitglied der königlichen Familie eine
Thätlichkeit verübt, begeht — inſofern ſeine Handlung nicht ein
ſchwereres Verbrechen bildet — das Verbrechen der thätlichen Be=
leidigung eines Mitgliedes des königlichen Hauſes und iſt mit
Zuchthaus bis zu fünf Jahren, Amtsverluſt und Entziehung
der politiſchen Rechte zu beſtrafen.

Wer ein Mitglied des königlichen Hauses beleidigt, ist wegen Vergehens mit Gefängniß bis zu einem Jahre, wenn aber die Beleidigung durch Verbreitung oder durch öffentliche Ausstellung einer Schrift, eines Druckwerkes oder einer bild= lichen Darstellung begangen wurde, mit Staatsgefängniß bis zu zwei Jahren zu bestrafen.

III. Hauptstück.

Staatsverrath.

§. 142.

Derjenige ungarische Staatsangehörige, welcher sich mit der Regierung einer auswärtigen Macht verbindet oder mit derselben unmittelbar oder mittelbar in Berührung tritt, um sie zu einer feindseligen Handlung gegen den ungarischen Staat oder gegen die österreichisch=ungarische Monarchie zu veranlassen; desgleichen auch Derjenige, welcher eine auswärtige Macht zu einem Kriege gegen die österreichisch=ungarische Monarchie zu bewegen sucht, begeht das Verbrechen des Staatsverrathes, und ist mit Zuchthaus von zehn bis zu fünfzehn Jahren zu be= strafen.

Wenn die Kriegserklärung erfolgt oder der Krieg aus= gebrochen ist, so muß der Staatsverrath mit lebenslänglichem Zuchthaus bestraft werden.

§. 143.

Derjenige ungarische Staatsangehörige, welcher nach erfolgter Kriegserklärung oder nach Ausbruch des Krieges in den Militärdienst des Feindes tritt, begeht das Verbrechen des Staatsverrathes und ist mit Staatsgefängniß von zehn bis zu fünfzehn Jahren zu bestrafen.

Wenn derselbe jedoch bereits schon vor der oben erwähnten Zeit im Militärdienste der betreffenden Macht gestanden, darin freiwillig verblieben ist und gegen die bewaffnete Macht der österreichisch=ungarischen Monarchie oder gegen eine mit dieser gemeinschaftlich operirende oder mit ihr verbündete Kriegsmacht gekämpft hat, so ist er mit Staatsgefängniß bis zu fünf Jahren zu bestrafen.

§. 144.

Derjenige ungarische Staatsbürger begeht das Verbrechen des Staatsverrathes und ist mit lebenslänglichem Zuchthaus zu bestrafen:

1) welcher eine Festung, Stadt, ein Fort, einen befestigten Platz, ein Ufer, einen Paß oder eine militärische Stellung, ein Waffen-, Material- oder Lebensmittelmagazin, ein Schiff oder einen zur österreichisch-ungarischen Kriegsmacht gehörigen Offizier oder Soldaten in feindliche Gewalt bringt, oder sich zu diesem Behufe mit dem Feinde einläßt;

2) welcher einen Kriegsplan oder den Plan eines Lagers, einer Festung oder eines Forts dem Feinde mittheilt;

3) welcher dem Feinde bei dem Eindringen oder Vor-dringen auf dem Gebiete des ungarischen Staates oder der österreichisch-ungarischen Monarchie Vorschub leistet;

4) welcher den Feind mit Geld, ferner durch Vermehrung seiner bewaffneten Macht, seines Kriegsmaterials oder der Lebensmittel für seine Armee, oder durch Erleichterung der Anschaffung derselben unterstützt;

5) welcher dem Feinde durch Verleitung der Angehörigen der österreichisch-ungarischen Kriegsmacht zum Treubruche Vor-schub leistet;

6) welcher ein Waffen-, Material- oder Lebensmittel-magazin der österreichisch-ungarischen Kriegsmacht, oder aber eine Brücke, einen Damm, eine Schutzwehr, Eisenbahn oder Straße zum Nachtheile der österreichisch-ungarischen Kriegsmacht oder zum Vortheile des Feindes in Brand setzt, abbricht, zer-stört oder sonstwie unbrauchbar macht;

7) welcher dem Feinde über die Stellung, Lage oder Be-wegung der österreichisch-ungarischen Truppen eine Mittheilung macht, einen feindlichen Spion, oder einen auf Kundschaft aus-gesendeten feindlichen Soldaten verbirgt, oder denselben bei der Ausführung seines Vorhabens oder bei seiner Rettung mit Rath oder That unterstützt;

8) welcher eine in diesem Paragraphen bezeichnete Handlung gegen das Gebiet eines Bundesgenossen der österreichisch-unga-rischen Monarchie oder gegen eine mit der österreichisch-unga-rischen Kriegsmacht gemeinsam operirende Macht begeht.

3*

§. 145.

Auf Ausländer sind in den Fällen der §§. 142 und 144 die internationalen Kriegsgesetze anzuwenden.

Auf Angehörige des anderen Staates der österreichisch-ungarischen Monarchie finden jedoch in den Fällen der §§. 142, 143 und 144 die Bestimmungen des gegenwärtigen Gesetzes Anwendung.

§. 146.

Das Verbrechen des Staatsverrathes begeht und ist mit Zuchthaus von zehn bis zu fünfzehn Jahren zu bestrafen, wer in Folge seiner ämtlichen Stellung oder eines besonderen Auftrages in den Besitz, beziehungsweise in die Kenntniß geheimer Urkunden, Daten oder Nachrichten gelangt, welche die Sicherheit oder sonstige wichtige Interessen des ungarischen Staates oder des anderen Staates der österreichisch-ungarischen Monarchie betreffen, und hievon dem Feinde unmittelbar oder mittelbar Mittheilung macht.

Wer jedoch die geheimen Urkunden, Daten oder Nachrichten der Regierung einer fremden Macht nicht zu dem Behufe mittheilt damit dieselben zur Kenntniß des Feindes gelangen sollen, oder wer den Inhalt einer solchen Urkunde, solcher Daten oder Nachrichten sonstwie veröffentlicht, ist mit Staatsgefängniß bis zu fünf Jahren zu bestrafen.

§. 147.

Mit Zuchthaus von zehn bis zu fünfzehn Jahren ist auch Derjenige zu bestrafen, wer durch Gewalt, Diebstahl, Unterschlagung oder List in den Besitz, beziehungsweise in die Kenntniß der im vorigen §. bezeichneten Urkunden, Daten oder Nachrichten gelangt, und dieselben dem Feinde mittelbar oder unmittelbar mittheilt.

Wer dagegen dem Feinde mittelbar oder unmittelbar solche geheime Urkunden, Daten oder Nachrichten mittheilt, in deren Kenntniß er nicht auf die in diesem Paragraphen bezeichnete Art gelangt ist, von denen er aber gewußt hat, daß sie geheim zu halten seien, ist mit Zuchthaus von fünf bis zu zehn Jahren zu bestrafen.

§. 148.

Eine solche Verbindung, welche zum Zwecke der Verübung einer in den §§. 142 und 143 unter 1) und im §. 144 bezeichneten Handlung zu Stande gekommen ist (§. 132), wird, wenn keine Vorbereitungshandlung vorliegt, mit Zuchthaus bis zu fünf Jahren, im entgegengesetzten Falle hingegen mit Zuchthaus von fünf bis zu zehn Jahren bestraft.

§. 149.

Die öffentliche und unmittelbare Aufforderung zur Begehung des in den §§. 142, 143 und 144 bezeichneten Staatsverrathes, welche auf die im §. 134 erwähnte Art erfolgt ist, wird mit Zuchthaus von fünf bis zu zehn Jahren bestraft.

§. 150.

Auch in den Fällen dieses Hauptstückes muß auf Amtsverlust und Entziehung der politischen Rechte erkannt werden.

§. 151.

Die Verfügung des §. 137 über die Straflosigkeit einer Verbindung ist unter den daselbst angeführten Bedingungen, mit Ausnahme der Fälle des §. 142, auch auf solche Verbindungen anzuwenden, welche zum Zwecke der Verübung des Staatsverrathes zu Stande gekommen sind.

IV. Hauptstück.

Aufstand.

§. 152.

Die Zusammenrottung zu dem Zwecke, um:

1) den Reichstag, eines der beiden Häuser oder einen Ausschuß desselben;

2) die mit der Verhandlung der gemeinsamen Angelegenheiten betrauten Delegationen, eine derselben oder einen Delegationsausschuß;

3) die ungarische Regierung gewaltsam oder durch gefährliche Drohung in der freien Ausübung ihrer (seiner) Wirksamkeit zu hindern, oder zu einem Beschlusse, einer Verfügung oder einer Unterlassung zu zwingen, bildet das Verbrechen des

Aufstandes und ist mit Staatsgefängniß von zehn bis zu fünf=
zehn Jahren zu bestrafen.

§. 153.

Eine Zusammenrottung zu dem Zwecke, um irgend eine
Classe der Bürgerschaft, eine Nationalität oder Religions=
genossenschaft bewaffnet anzugreifen, ist auch als Aufstand an=
zusehen.

In diesem Falle sind die Anstifter und Rädelsführer mit
Staatsgefängniß von fünf bis zu zehn Jahren, die Uebrigen
hingegen mit Staatsgefängniß bis zu zwei Jahren zu bestrafen.

§. 154.

Wenn die aufständische Rotte eine Gemeinde, ein Haus,
ein Waffen=, Kriegsmaterial= oder Pulvermagazin, eine Eisen=
bahn, ein Telegraphen= oder Postamt angegriffen, oder in ihre
Gewalt gebracht hat, so sind die Anstifter und Rädelsführer,
— insofern nicht ein schwerer zu bestrafendes Verbrechen vor=
liegt, — mit Staatsgefängniß von zehn bis zu fünfzehn
Jahren, die Uebrigen mit Staatsgefängniß von zwei bis zu
fünf Jahren zu bestrafen.

§. 155.

Wenn die aufständische Rotte einen Raub oder eine Brand=
stiftung verübt, etwas zerstört oder gegen einzelne Personen
Gewalt angewendet hat, so sind die Anstifter und Rädels=
führer, — insofern nicht ein schwerer zu bestrafendes Ver=
brechen vorliegt, — mit Zuchthaus von zehn bis zu fünfzehn
Jahren, die Uebrigen mit Zuchthaus bis zu fünf Jahren zu
bestrafen.

§. 156.

Die zum Behufe der Anstiftung eines Aufstandes zu
Stande gekommene Verbindung ist, falls die Vorbereitungs=
handlung zur Ausführung des Verbrechens nicht begangen wurde,
mit Staatsgefängniß von ein bis zu drei Jahren, im entgegen=
gesetzten Falle hingegen mit Staatsgefängniß von zwei bis zu
fünf Jahren zu bestrafen.

§. 157.

Wenn die Verbindung zu dem Behufe zu Stande ge=
kommen ist, um das im §. 155 bezeichnete Verbrechen aus=

zuführen, so sind die Verbündeten je nach der im vorher=
gehenden Paragraphen erwähnten Unterscheidung mit Zucht=
haus bis zu drei, beziehungsweise bis zu fünf Jahren zu
bestrafen.

§. 158.

Wer auf die im §. 134 bezeichnete Art eine Aufforderung
zur Verübung der in den vorhergehenden Paragraphen dieses
Hauptstückes angeführten Handlung erläßt oder verbreitet, ist,
wenn dieselbe in Folge der Aufforderung verübt oder versucht
wurde, als Anstifter zu bestrafen.

Wenn aber die Aufforderung ganz erfolglos geblieben ist,
so ist er mit Staatsgefängniß von sechs Monaten bis zu zwei
Jahren zu bestrafen.

§. 159.

Wegen des Verbrechens des Aufstandes werden, mit Aus=
nahme der Anstifter und Rädelsführer, Diejenigen nicht bestraft,
welche über Aufforderung der Civil= oder Militärbehörde den
Schauplatz des Aufstandes verlassen und an dem Aufstande nicht
weiter theilnehmen.

Die Straflosigkeit erstreckt sich aber nicht auf jene straf=
baren Handlungen, welche Jemand während der Dauer des
Aufstandes, außer der Theilnahme an diesem begangen hat.

§. 160.

Die Anordnung des §. 137 über die Straflosigkeit der
Verbindung ist in den daselbst bezeichneten Fällen und unter
den angeführten Bedingungen auch auf Diejenigen anzuwenden,
welche sich zur Anstiftung eines Aufstandes verbündet haben.

§. 161.

Wer nicht in der Absicht, um die in dem I., III. und
IV. Hauptstücke angeführten Verbrechen zu begehen, ohne Ermäch=
tigung seitens des Gesetzes oder der ung. Regierung im unga=
rischen Staatsgebiete Truppen sammelt, bewaffnet, mit Kriegs=
material versieht oder einübt, — ebenso wer die Leitung einer
solchen Truppe, oder in derselben eine Offiziersstelle übernimmt,
begeht das Verbrechen des Aufstandes und ist mit Staats=
gefängniß von zwei bis zu fünf Jahren und an Geld bis zu
viertausend Gulden zu bestrafen.

§. 162.

Wegen des Verbrechens des Aufstandes ist nebst der Frei=
heitsstrafe auch auf Amtsverlust, und in den Fällen der
§§. 152 und 155 auch auf Entziehung der politischen Rechte
zu erkennen.

V. Hauptstück.

Gewaltthätigkeit gegen Behörden, Mitglieder des Reichstages oder gegen behördliche Organe.

§. 163.

Die Zusammenrottung zu dem Zwecke, um eine Behörde
durch Gewalt oder gefährliche Drohungen in der Ausübung
ihrer gesetzlichen Wirksamkeit zu verhindern, oder zu einem
Beschlusse, einer Verfügung oder einer Unterlassung zu zwin=
gen, bildet das Verbrechen der Gewaltthätigkeit gegen Behör=
den, und ist mit Kerker bis zu fünf Jahren zu bestrafen.

Wenn aber die Gewalt oder gefährliche Drohung zu dem
oben bezeichneten Zwecke nur durch eine einzelne Person began=
gen wird, so ist letztere mit Kerker bis zu drei Jahren zu
bestrafen.

Ebendieselbe Strafe mit der angeführten Unterscheidung ist
zu verhängen, wenn die Gewalt oder gefährliche Drohung zu
dem oben angeführten Zwecke gegen ein Mitglied des Reichs=
tages oder der zur Verhandlung der gemeinsamen Angelegen=
heiten entsendeten Delegation angewendet wird.

§. 164.

Unter dem Ausdrucke „Behörde" werden alle Verwal=
tungs=, Gerichts= und Militärbehörden, unter dem Ausdrucke
„Verwaltungsbehörde" hingegen, mit Ausnahme der Gerichte,
alle Staats=, Munizipal= und Gemeindebehörden verstanden.

§. 165.

Des Verbrechens der Gewaltthätigkeit gegen Behörden macht
sich schuldig und ist mit Kerker bis zu drei Jahren zu bestrafen,
wer eine Delegation, einen Ausschuß, eine Commission, einen
Beamten oder ein sonstiges Organ einer Behörde, oder ein
Mitglied oder Organ der Delegation, des Ausschusses oder der

Commission in dem Vollzuge des gesetzlichen oder behördlichen
Auftrages durch Gewalt oder gefährliche Drohung hindert, zu
einer Verfügung zwingt oder aber während der Amtsverrich=
tung thätlich beleidigt.

Eben dieselbe Strafe ist zu verhängen, wenn die Handlung
gegen die zum Schutze der obgenannten Corporationen oder
Personen bestellten oder erschienenen Personen begangen wird.

§. 166.

Als behördliche Organe sind überdies noch anzusehen:
1) die öffentlich aufgestellten Militär= und Civilwachen;
2) das Aufsichts= und Betriebspersonale der dem öffent=
lichen Verkehre übergebenen Eisenbahnen und Staatstelegrafen;
3) die Polizeimannschaft, mit Inbegriff der Feld= und
Waldhüter, die Fluß= und Dammwächter, sowie die Jagdauf=
seher, insofern dieselben unter den gesetzlichen Bedingungen
verwendet worden sind.

§. 167.

Als gefährliche Drohung ist eine solche Androhung der
Verübung eines Verbrechens oder Vergehens zu betrachten,
welche unter den obwaltenden Umständen geeignet ist, in der
Person des Bedrohten begründete Furcht vor dem unmittel=
baren Eintritte einer Gefahr hervorzurufen.

§. 168.

Wenn das im §. 163 normirte Verbrechen durch eine
bewaffnete Rotte, oder das im §. 165 bezeichnete Verbrechen
durch mehrere Personen begangen worden ist, so sind, insofern
nicht eine schwerer zu bestrafende Handlung vorliegt, die An=
stifter und Rädelsführer mit Zuchthaus bis zu fünf Jahren,
die Uebrigen hingegen mit Kerker bis zu fünf Jahren zu
bestrafen.

Mit Kerker bis zu fünf Jahren ist auch Derjenige zu
bestrafen, welcher das im §. 163 bezeichnete Verbrechen zwar
allein, jedoch bewaffnet verübt hat, oder welcher bei der Bege=
hung des im §. 165 bezeichneten Verbrechens bewaffnet war.

§. 169.

Wegen des in dem gegenwärtigen Hauptstücke normirten
Verbrechens ist neben der Freiheitsstrafe auch auf Amtsverlust
zu erkennen.

§. 170.

Die Verbindung zur Verübung einer Gewaltthätigkeit gegen Behörden ist, wenn noch keine Vorbereitungshandlung zum Vollzuge des Verbrechens vorliegt, mit Gefängniß von drei Monaten bis zu einem Jahre, im entgegengesetzten Falle jedoch mit Gefängniß von ein bis zu drei Jahren zu bestrafen.

VI. Hauptstück.

Aufreizung gegen die Verfassung, das Gesetz, die Behörden oder die behördlichen Organe.

§. 171.

Wer öffentlich in einer Versammlung mit Worten, oder wer durch Verbreitung oder öffentliche Ausstellung eines Druck= werkes, einer Schrift oder einer bildlichen Darstellung zur Be= gehung eines Verbrechens oder Vergehens unmittelbar auffor= dert, ist, wenn das Verbrechen oder Vergehen verübt wurde, als Anstifter zu bestrafen.

Ist die Aufforderung jedoch erfolglos geblieben, so ist sie, — insoweit nicht eine besondere Anordnung des gegenwär= tigen Gesetzes Anwendung findet, mit Staatsgefängniß bis zu zwei Jahren und an Geld bis zu zweitausend Gulden zu bestrafen.

§. 172.

Wer auf die im §. 171 bezeichnete Art zum Ungehorsam gegen das Gesetz oder gegen eine seitens der Behörden inner= halb ihres gesetzlichen Wirkungskreises erlassene Anordnung, Verfügung oder Entscheidung unmittelbar auffordert, oder eine solche Aufforderung verbreitet, ist mit Staatsgefängniß bis zu zwei Jahren und an Geld bis zu tausend Gulden zu bestrafen.

In gleicher Weise ist auch Derjenige zu bestrafen, wer auf die im §. 171 bezeichnete Art eine Classe der Bevölkerung, eine Nationalität oder Religionsgenossenschaft zum Hasse gegen eine andere, sowie auch Derjenige, wer gegen die Rechtsinstitute des Eigenthums oder der Ehe aufreizt.

§. 173.

Mit Staatsgefängniß bis zu fünf Jahren ist zu bestrafen, wer auf die im §. 171 bezeichnete Art die Unverletzlichkeit der

Perſon des Königs, die geſetzliche Thronfolgeordnung, die ver=
faſſungsmäßige Regierungsform oder die verbindende Kraft des
Geſetzes angreift; ebenſo auch Derjenige, welcher gegen einzelne
Inſtitutionen der Verfaſſung, gegen den Verband mit dem
anderen Staate der Monarchie, oder gegen die Staatsgemein=
ſchaft zwiſchen jenen Ländern, welche den ungariſchen Staat
bilden, oder gegen die geſetzlichen Rechte des Königs, des Reichs=
tages, der Reichstags-Ausſchüſſe, oder der zur Verhandlung der
gemeinſamen Angelegenheiten berufenen Delegation aufreizt.

§. 174.

Wer eine durch das Geſetz als Verbrechen oder Vergehen
erklärte Handlung auf die im §. 171 bezeichnete Art rühmt,
oder Denjenigen, welcher ein Verbrechen oder Vergehen began=
gen hat, wegen deſſen Verübung in gleicher Weiſe lobt oder
öffentlich auszeichnet, iſt mit Gefängniß bis zu ſechs Monaten
zu beſtrafen.

Das Strafverfahren kann nur dann eingeleitet werden,
wenn die Handlung binnen drei Monaten nach erfolgter Ver=
übung bei Gericht angezeigt worden iſt.

VII. Hauptſtück.
Gewaltthätigkeit gegen Privatperſonen.

§. 175.

Wenn eine Rotte in der Abſicht, um an Perſonen oder
Sachen Gewalt zu üben, in Jemandes Wohnung, Geſchäfts=
localität oder umfriedeten Beſitz eindringt, ſo iſt jedes Mitglied
der Rotte wegen Verbrechens der Gewaltthätigkeit gegen Privat=
perſonen mit Kerker bis zu zwei Jahren zu beſtrafen.

§. 176.

Wenn jedoch eine Rotte an einem offenen Orte Gewalt=
thätigkeiten an Perſonen oder Sachen verübt, ſo iſt jedes Mit=
glied dieſer Rotte mit Kerker bis zu drei Jahren zu beſtrafen.

§. 177.

Das Vergehen der Gewaltthätigkeit gegen Privatperſonen
begeht, und iſt mit Gefängniß bis zu ſechs Monaten zu beſtra=

fen, wer wegen Erhöhung oder Herabsetzung des Arbeitslohnes
gegen einen Arbeiter oder Arbeitgeber Gewaltthätigkeiten ver=
übt, ihn beschimpft oder thätlich beleidigt oder mit Gewalt
bedroht.

Die gleiche Strafe trifft auch Diejenigen, welche sich vor
Fabriken, Werkstätten oder solchen Localitäten, wo Arbeiter
beschäftigt sind, oder vor der Wohnung, beziehungsweise dem
Aufenthaltsorte des Arbeitgebers oder Arbeitsleiters in der Ab=
sicht zusammenrotten, um den Beginn oder die Fortsetzung der
Arbeit zu verhindern oder aber die Arbeiter zum Verlassen der
Arbeit zu bewegen.

VIII. Hauptstück.
Verbrechen und Vergehen gegen das Wahlrecht der Bürger.

§. 178.

Diejenigen, welche einen Wähler durch Gewalt oder Dro=
hungen an der freien Ausübung seines Wahlrechtes bei der
Wahl eines Reichstags=Abgeordneten, Munizipal= oder Gemeinde=
beamten oder Gemeindevorstandes, eines Mitgliedes des Muni=
zipal=Ausschusses oder eines Gemeindevertreters hindern, begehen
das Vergehen der Verletzung des Wahlrechtes und sind mit
Gefängniß bis zu sechs Monaten und an Geld bis zu je zwei=
hundert Gulden zu bestrafen.

§. 179.

Der Vorsitzende, ein Mitglied oder ein Schriftführer der
mit der Conscription der Wähler betrauten Commission,
welcher (welches) bei dieser Gelegenheit den Namen eines als
wahlberechtigt anerkannten Wählers in das Wählerverzeichniß
nicht einträgt, ebenso Derjenige, welcher den Namen einer sol=
chen Person in das Wählerverzeichniß einträgt, welche durch die
Commission als wahlberechtigt nicht anerkannt wurde, ist mit
Kerker bis zu zwei Jahren zu bestrafen.

Dieselbe Strafe trifft auch jenes Mitglied oder jenen
Schriftführer der Centralcommission, welcher (welches) die in
diesem Paragraphen bezeichnete Handlung bei Zusammenstellung
der Wählerliste begeht.

§. 180.

Derjenige öffentliche Beamte, welcher in eine nach dem Gesetze über die Reichstagswahlen der Conscriptions=Commission vorzulegende Urkunde falsche Daten zu dem Zwecke einträgt, damit Jemand dadurch seines Wahlrechtes widerrechtlich ver=lustig werde oder unbefugter Weise als wahlberechtigt erscheine; desgleichen jenes Commissionsmitglied, welches eine ihm ämt=lich mitgetheilte und sich auf die Wahl oder auf die Zusammen=stellung der Munizipal=, beziehungsweise Gemeinde=Commission beziehende Urkunde fälscht oder unterschlägt, vernichtet. oder unbrauchbar macht, ist mit Kerker bis zu zwei Jahren und an Geld bis zu zweitausend Gulden zu bestrafen.

Die gleiche Strafe trifft auch jenen öffentlichen Beamten, welcher die in diesem Paragraphen erwähnte Handlung bei der Zusammenstellung des zur Constituirung der Munizipal= oder Gemeinde=Repräsentanz nöthigen Verzeichnisses der mit directen Abgaben Höchstbesteuerten begeht.

§. 181.

Mit Kerker bis zu fünf Jahren ist jenes Mitglied der Wahlcommission zu bestrafen, welches bei den im §. 178 an=geführten Wahlen :

1) einen am Wahlorte in seiner ämtlichen Eigenschaft übernommenen Stimmzettel seiner Bestimmung entzieht oder dadurch fälscht, daß ohne Zustimmung des Wählers ein anderer Name anstatt des bei der Uebernahme aufgeschrieben gewesenen in den Stimmzettel eingetragen wird;

2) die zur Abstimmung benützten Kugeln oder sonstigen Abstimmungszeichen umtauscht, hievon etwas wegnimmt oder unbefugter Weise gleichartige Zeichen dazugibt;

3) die abgegebene Stimme für einen anderen Candidaten einträgt, als für welchen der Wähler gestimmt hat; oder die Stimme eines solchen Wählers einträgt, welcher nicht gestimmt hat, oder die Stimme jenes Wählers nicht einträgt, welcher gestimmt hat;

4) die Abstimmungsliste oder das die Stimmen enthal=tende Behältniß wegnimmt oder vernichtet, oder die Zusammen=zählung der Stimmen auf eine andere Art vereitelt;

5) die Stimmen unrichtig zusammenzählt.

§. 182.

Mit Gefängniß bis zu einem Jahre iſt eine ſolche, nicht zur Abſtimmungs=Commiſſion gehörige Perſon zu beſtrafen, welche bei den im §. 178 angeführten Wahlen:

1) einen ihr übergebenen Stimmzettel entwendet oder dadurch verfälſcht, daß ſie in denſelben ohne Einwilligung des Stimmenden einen anderen Namen, als den bei der Uebergabe aufgeſchriebenen einträgt;

2) die zur Abſtimmung benützten Kugeln oder ſonſtigen Abſtimmungszeichen umtauſcht, hievon etwas wegnimmt, oder unbefugter Weiſe gleichartige Zeichen dazugibt;

3) die Abſtimmungsliſte oder das die Stimmen enthaltende Behältniß wegnimmt, vernichtet oder die Zuſammenzählung der Stimmen auf eine andere Art vereitelt.

§. 183.

In den Fällen der §§. 181 und 182 kann das Strafver= fahren nur dann eingeleitet werden, wenn gegen den Mißbrauch, während der Wahl oder längſtens 8 Tage nach der Verlaut= barung des Wahlreſultates, bei der Commiſſion oder jener Be= hörde, welche die Commiſſion entſendet hat, reclamirt worden iſt.

§. 184.

Wer unter einem fremden Namen ſtimmt oder ſich zur Abſtimmung meldet, begeht ein Vergehen und iſt mit Gefäng= niß bis zu einem Monate und an Geld bis zu hundert Gul= den zu beſtrafen.

Eben derſelben Strafe unterliegt auch jener Wähler, wel= cher in einem Wahlbezirke mehrmals ſtimmt oder nachdem er in einem Wahlbezirke bereits geſtimmt hat, auch in einem zweiten Wahlbezirke ſeine Stimme abgibt.

§. 185.

Wer einem Wähler oder mit deſſen Wiſſen einem An= gehörigen deſſelben (§. 78) zu dem Zwecke Geld oder Geldes= werth oder einen ſonſtigen Vortheil bietet oder verſpricht, damit der Betreffende für einen beſtimmten Candidaten ſtimme oder nicht ſtimme oder ſich der Abſtimmung enthalte, iſt mit Gefäng= niß bis zu ſechs Monaten und an Geld bis zu tauſend Gulden zu beſtrafen.

Eben derſelben Strafe unterliegt auch jener Wähler, wel=
cher einen ihm, oder mit ſeinem Wiſſen ſeinen Angehörigen,
zu dem in dieſem Paragraphen bezeichneten Zwecke angebotenen
Geldbetrag oder ſonſtigen Vortheil annimmt.

§. 186.

Mit Gefängniß bis zu drei Monaten und an Geld bis zu
fünfhundert Gulden iſt zu beſtrafen, wer zu dem im vorher=
gehenden Paragraphen erwähnten Zwecke Speiſen und Getränke
verabreicht, ſowie auch Derjenige, welcher die Speiſen und
Getränke annimmt.

§. 187.

Derjenige öffentliche Beamte, welcher durch eine zu ſeiner
Amtswirkſamkeit gehörige Handlung oder durch ein darauf ſich
beziehendes Verſprechen einen Wähler zu veranlaſſen ſucht, für
oder gegen einen beſtimmten Candidaten zu ſtimmen oder ſich
der Wahl zu enthalten, iſt mit Gefängniß bis zu zwei Jahren
zu beſtrafen.

§. 188.

Gegen Diejenigen, welche ein in dieſem Hauptſtücke bezeich=
netes Verbrechen und Vergehen verüben, iſt außer der Freiheits=
ſtrafe auch auf Entziehung der politiſchen Rechte zu erkennen.

Der Amtsverluſt hat nur bei Demjenigen einzutreten, wel=
cher zur Zeit der Verübung des Verbrechens oder Vergehens
ein öffentliches Amt bekleidet hat.

§. 189.

In den Fällen der §§. 178, 184, 185, 186 und 187
kann das Strafverfahren nur dann eingeleitet werden, wenn die
Anzeige über die ſtrafbare Handlung dem Gerichte binnen 30
Tagen nach deren Verübung erſtattet worden iſt.

IX. Hauptſtück.
Verbrechen und Vergehen gegen die Religion und deren freie Ausübung.

§. 190.

Wer dadurch ein öffentliches Aergerniß verurſacht, daß er
Gott auf die im §. 171 bezeichnete Art läſtert, wer den Gottes=
dienſt einer ſeitens des Staates anerkannten Religion gewaltſam

verhindert oder stört, begeht ein Vergehen und ist mit Gefängniß bis zu einem Jahre und an Geld bis zu tausend Gulden zu bestrafen.

Der Versuch ist strafbar.

§. 191.

Wer an einem solchen Orte, der zum Gottesdienste einer durch das Gesetz anerkannten Religion bestimmt ist, ein öffent= liches Aergerniß verursacht, oder einen Gegenstand des Gottes= dienstes oder Gegenstände, welche für gottesdienstliche Verrich= tungen bestimmt sind, an einem zum Gottesdienste bestimmten Orte oder zwar außerhalb desselben, aber während des Gottes= dienstes thätlich oder mit Aergerniß erregenden Worten be= schimpft, — macht sich eines Vergehens schuldig und ist mit Gefängniß bis zu sechs Monaten und an Geld bis zu zwei= hundert Gulden zu bestrafen.

§. 192.

Wer den Seelsorger einer durch das Gesetz anerkannten Religions=Genossenschaft, während derselbe den Gottesdienst ver= richtet, öffentlich mit Worten, Thaten oder Drohungen beleidigt, begeht ein Vergehen und ist mit Gefängniß bis zu einem Jahre und an Geld bis zu fünfhundert Gulden zu bestrafen.

Wer aber den Seelsorger während der Verrichtung des Gottesdienstes körperlich verletzt, begeht ein Verbrechen und wird — falls die Handlung nicht schwerer zu ahnden ist — mit Kerker bis zu zwei Jahren bestraft.

X. Hauptstück.

Verletzung der persönlichen Freiheit, des Hausrechtes, sowie des Brief= und Depeschengeheimnisses durch öffentliche Beamte.

§. 193.

Derjenige öffentliche Beamte (§. 460), welcher seine Amts= gewalt mißbraucht und Jemanden gesetzwidrig verhaften läßt, verhaftet oder in Haft behält, begeht das Vergehen gegen die persönliche Freiheit und ist mit Gefängniß bis zu einem Jahre zu bestrafen.

§. 194.

Derjenige öffentliche Beamte, zu dessen Amtspflicht die Vollziehung von Strafurtheilen, oder die Aufsicht über die zur Vollziehung der Freiheitsstrafen oder zur Verwahrung von Untersuchungs-Gefangenen bestimmten Localitäten gehört, macht sich des im §. 193 erwähnten Vergehens schuldig und ist mit Gefängniß bis zu einem Jahre zu bestrafen, wenn er einen Gefangenen mit Verletzung seiner Pflicht über die in dem rechtskräftigen Urtheile oder in dem Auftrage des competenten öffentlichen Beamten festgesetzte Zeit in Haft behält.

§. 195.

In den Fällen der §§. 193 und 194 ist die daselbst erwähnte Gesetzesverletzung mit Gefängniß bis zu zwei Jahren zu bestrafen, wenn die widerrechtliche Entziehung der Freiheit länger als sieben Tage, aber nicht länger als fünfzehn Tage gedauert hat.

Wenn die widerrechtliche Entziehung der Freiheit länger als fünfzehn Tage, aber nicht länger als einen Monat gedauert hat, so ist auf Kerker bis zu drei Jahren zu erkennen.

Wenn aber die widerrechtliche Entziehung der Freiheit länger als einen Monat, aber weniger als drei Monate gedauert hat, so ist auf Zuchthaus bis zu fünf Jahren, und wenn die Entziehung der Freiheit länger als drei Monate gedauert hat, auf Zuchthaus von fünf bis zu zehn Jahren zu erkennen.

Wenn in den Fällen der §§. 193, 194 und des gegenwärtigen Paragraphen an der verhafteten Person eine sonstige Gewaltthätigkeit oder Mißhandlung begangen wurde, so können die in den erwähnten §§. festgesetzten Freiheitstrafen, — insofern nicht eine schwerer zu ahndende Handlung vorliegt, — noch um ein Jahr verlängert werden.

§. 196.

Derjenige Inspector (Director), welcher Jemanden den bestehenden Vorschriften entgegen, in eine zur Vollziehung von Freiheitsstrafen bestimmte und seiner Aufsicht unterstehende Localität aufnimmt; ebenso auch Derjenige, welcher von der

Strafgesetz.   4

über Anordnung der Polizei- oder einer anderen Verwaltungs=
behörde erfolgten Einlieferung einer Perſon in das Gefängniß
oder den Kerker, ſeinen unmittelbaren Vorgeſetzten binnen vier=
undzwanzig Stunden nicht verſtändigt, begeht ein Vergehen
und iſt mit Gefängniß bis zu einem Monate zu beſtrafen.

§. 197.

Derjenige öffentliche Beamte, welcher von der geſetzwidrigen
Verhaftung oder Gefangenhaltung einer Perſon ämtliche Kennt=
niß hat und dies der ihm vorgeſetzten Behörde nicht ſogleich
anzeigt, ſowie auch diejenige vorgeſetzte Behörde, welche die
Unterſuchung und die nöthige Verfügung bezüglich eines ſolchen
Vorfalles, von dem ſie durch eine Anzeige oder auf andere Art
ämtliche Kenntniß erhalten hat, länger als achtundvierzig
Stunden hinausſchiebt, begeht gleichfalls ein Vergehen gegen
die perſönliche Freiheit und iſt mit Gefängniß bis zu einem
Monat zu beſtrafen.

§. 198.

Außer der in den vorhergehenden §§. dieſes Hauptſtückes
feſtgeſetzten Freiheitsſtrafe iſt über Verlangen des geſetzwidrig
gefangen Gehaltenen und zu deſſen Gunſten, für jeden Tag der
Gefangenhaltung auf einen Schadenerſatz von fünf bis zu zehn
Gulden zu erkennen.

In dieſem Falle iſt eine weitere Schadenerſatzklage nicht
einzubringen.

§. 199.

Derjenige öffentliche Beamte, welcher ſeine Amtsgewalt
mißbraucht und geſetzwidrig in eine Wohnung, in ein Geſchäfts=
local oder dazu gehörige oder damit zuſammenhängende Räum=
lichkeiten, oder in einen umfriedeten Raum wider den Willen
des daſelbſt Wohnenden oder über die Wohnung Verfügenden
eindringt, oder daſelbſt verweilt, begeht das Vergehen der Ver=
letzung des Hausrechtes und iſt mit Gefängniß bis zu ſechs
Monaten ·zu beſtrafen.

Wenn er aber nicht nur unberechtigt eingedrungen iſt,
ſondern überdies auch eine Hausunterſuchung vorgenommen hat,
ſo iſt er mit Gefängniß bis zu einem Jahre zu beſtrafen.

§. 200.

Derjenige Postbeamte oder Diener, welcher der Post über=
gebene Briefe oder Packete außer den im Gesetze bestimmten
Fällen eröffnet, zurückhält oder vernichtet, oder einem Anderen
eine solche Handlung gestattet oder dabei Vorschub leistet,
begeht das Vergehen der Verletzung des Briefgeheimnisses und
ist mit Gefängniß bis zu sechs Monaten zu bestrafen.

§. 201.

Derjenige Telegraphenbeamte oder Diener, welcher eine
der Telegraphenanstalt anvertraute Depesche verfälscht, gesetz=
widrig eröffnet, zurückhält oder vernichtet, oder deren Inhalt
unberechtigt einem Anderen mittheilt, oder einem Anderen eine
solche Handlung gestattet oder dabei Vorschub leistet, begeht
das Vergehen der Verletzung des Depeschen=Geheimnisses und
ist mit Gefängniß bis zu sechs Monaten zu bestrafen.

§. 202.

Gegen Diejenigen, welche ein in den §§. 193—196 be=
zeichnetes Verbrechen und Vergehen begangen haben, ist außer
den oben festgesetzten Freiheitsstrafen auch auf Amtsverlust zu
erkennen, — in den übrigen Fällen dieses Hauptstückes hin=
gegen sind die Schuldigen zum Verluste ihres Amtes oder
ihrer Stellung zu verurtheilen.

XI. Hauptstück.
Geldverfälschung.

§. 203.

Das Verbrechen der Geldverfälschung begeht Derjenige,
welcher zu dem Zwecke, um das Falsificat als echtes Geld oder
als vollgiltig in Verkehr zu bringen, im In= oder Auslande
gangbares:

1) Metall= oder Papiergeld nachmacht oder nachmachen läßt;

2) echtes Metall= oder Papiergeld derart verändert oder
verändern läßt, daß dieses den Schein eines höheren Werthes
erhält;

4*

3) den Metallgehalt echter Gold= oder Silbermünzen auf irgend eine Art verringert oder verringern läßt.

Ebendasselbe Verbrechen begeht auch Derjenige, welcher außer Verkehr gesetztes Geld zu dem oben erwähnten Zwecke derart verändert oder verändern läßt, daß es den Anschein von noch im Verkehre stehendem Gelde erhält.

§. 204.

Die Geldverfälschung ist in den unter 1) und 2) des vorigen Paragraphen bezeichneten Fällen, sowie im Falle der Verfälschung außer Verkehr gesetzten Geldes mit Zuchthaus von fünf bis zu zehn Jahren, in dem unter 3) bezeichneten Falle mit Kerker bis zu fünf Jahren zu bestrafen.

Wenn jedoch Scheidemünze oder deren Stelle vertretendes Papiergeld den Gegenstand der in den vorigen Paragraphen bezeichneten Handlung bildet, so ist die Handlung als Vergehen mit Gefängniß von sechs Monaten bis zu drei Jahren zu bestrafen.

Der Versuch ist strafbar.

§. 205.

Die Vereinigung zum Behufe der Verübung des im §. 203 bezeichneten Verbrechens (§. 132) wird, falls auch eine vorbereitende Handlung vorliegt, mit Gefängniß bis zu drei Monaten bestraft.

§. 206.

Nach den im §. 204 angeführten Unterscheidungen ist die dort festgesetzte Strafe auch gegen Denjenigen zu verhängen:

1) welcher das durch ihn selbst, jedoch nicht zu dem im §. 203 erwähnten Zwecke verfertigte falsche oder verfälschtes Geld in Verkehr bringt;

2) welcher im Einverständnisse mit dem Thäter oder dessen Theilnehmer falsches oder verfälschtes Geld, zu dem Behufe in das Land einführt, übernimmt oder verschafft, um es in Verkehr zu setzen.

§. 207.

Das Verbrechen des betrügerischen Gebrauches falschen oder verfälschten Geldes begeht Derjenige, welcher außer den

in den §§. 203 und 206 bestimmten Fällen falsches oder ver=
fälschtes Geld als echtes, beziehungsweise vollgiltiges in Ver=
kehr bringt.

Wenn aber falsche oder verfälschte Scheidemünze oder
deren Stelle vertretendes Papiergeld in Umlauf gebracht wird,
so bildet die Handlung ein Vergehen, dessen Versuch gleichfalls
strafbar ist.

§. 208.

Der betrügerische Gebrauch falschen oder verfälschten Geldes
ist auf folgende Art zu bestrafen :

1) mit Zuchthaus bis zu drei Jahren, wenn das falsche
oder verfälschte Geld einen Werth von mehr als fünfhundert
Gulden darstellt;

2) mit Kerker bis zu drei Jahren, wenn das falsche oder
verfälschte Geld einen geringeren Werth als fünfhundert Gulden
darstellt;

3) mit Kerker bis zu zwei Jahren, wenn der betrügerische
Gebrauch sich auf verringerte Gold= oder Silbermünzen bezieht;

4) mit Gefängniß bis zu sechs Monaten, wenn die Hand=
lung mit falscher oder verfälschter Scheidemünze oder deren
Stelle vertretendem Papiergelde verübt wurde.

§. 209.

Wer falsches oder verfälschtes Geld, welches er als echtes
Geld erhalten hat, wissentlich als echtes, beziehungsweise voll=
giltiges in Umlauf bringt, begeht das Vergehen der Ausgabe
falschen Geldes und ist mit Gefängniß bis zu sechs Monaten
und an Geld bis zu tausend Gulden zu bestrafen.

Der Versuch ist strafbar.

§. 210.

Dem Papiergelde werden gleichgeachtet auf den Ueber=
bringer lautende gedruckte Obligationen, Banknoten, Actien,
deren Stelle vertretende Interimsscheine, Anweisungen oder
Quittungen, sowie die zu diesen Papieren gehörigen Zinsen=
oder Dividenden=Coupons und Talons, welche durch die Re=
gierung eines Staates, durch eine zur Ausgabe solcher Papiere
berechtigte öffentliche Casse, Gemeinde, Gesellschaft, Genossen=
schaft, Körperschaft oder Privatperson emittirt werden.

Die Bestimmung dieses Paragraphen gilt auch in dem Falle, wenn in der gedruckten Urkunde die Unterschrift des Ausstellers, einzelne Worte oder Zahlen geschrieben sein sollten.

§. 211.

Dem Papiergelde werden ferner gleichgeachtet jene auf Namen lautenden Obligationen sammt den Coupons und Talons, welche von der ungarischen Regierung oder einer ungarischen öffentlichen Casse in Verkehr gesetzt worden sind, wenn diese Obligationen einen Gegenstand des Börsenverkehrs bilden.

§. 212.

Wegen der in diesem Hauptstücke angeführten Verbrechen und Vergehen ist gegen die Schuldigen außer der Strafe auch auf Amtsverlust und Entziehung der politischen Rechte zu erkennen.

XII. Hauptstück.
Falsche Aussage und Meineid.

§. 213.

Wer in einer Straffache vor Gericht über einen diese Angelegenheit betreffenden wesentlichen Umstand eine falsche Aussage ablegt und dieselbe mit einem Eide bekräftigt, begeht das Verbrechen der falschen Aussage und ist mit Zuchthaus bis zu fünf Jahren zu bestrafen.

Wenn die falsche Aussage zum Nachtheile des Beschuldig= ten abgelegt und dieser zum Tode verurtheilt wurde, so ist der falsche Zeuge mit Zuchthaus von zehn bis zu fünfzehn Jahren zu bestrafen; wenn der Beschuldigte jedoch zu einer Freiheits= strafe von mehr als fünf Jahren verurtheilt wurde, so ist der falsche Zeuge mit Zuchthaus von fünf bis zu zehn Jahren zu bestrafen.

§. 214.

In Uebertretungsfällen bildet die falsche Aussage ein Ver= gehen und ist mit Gefängniß bis zu einem Jahre und an Geld bis zu tausend Gulden zu bestrafen.

§. 215.

Wer in einem Civilprozesse über einen wesentlichen Umstand eine falsche Aussage ablegt und diese mit einem Eide bekräftigt, ist mit Kerker bis zu fünf Jahren und an Geld bis zu viertausend Gulden zu bestrafen.

§. 216.

Wenn der Gegenstand des Civilprozesses jedoch den Werth von einhundert Gulden nicht übersteigt, so ist die Strafe für die falsche Aussage mit Kerker bis zu einem Jahre und an Geld bis zu vierhundert Gulden zu bemessen.

§. 217.

Ebenso wie der falsche Zeuge, ist auch derjenige Sachver=ständige zu bestrafen, welcher in einer Straf= oder Civilsache über einen wesentlichen Thatumstand unwahr aussagt oder ein falsches Gutachten abgibt; ebenso auch derjenige Uebersetzer oder Dolmetsch, welcher dem Gerichte oder einer anderen Behörde in Betreff eines wesentlichen Umstandes mündlich oder schriftlich eine falsche Uebersetzung abgibt.

§. 218.

Gleiche Wirkung mit der eidlichen Bekräftigung besitzt:
1) die Bekräftigung der Zeugenaussage durch eine feier=liche Betheuerung oder durch Berufung auf das Gewissen in jenen Fällen, in welchen das Gesetz einer solchen Berufung oder Betheuerung die gleiche Beweiskraft wie dem Eide einräumt;
2) die Bekräftigung einer Erklärung durch einen Sachver=ständigen, Uebersetzer oder Dolmetsch mit Berufung auf seinen Amtseid, — beziehungsweise auf den allgemeinen Eid, welchen der Betreffende als Sachverständiger, Uebersetzer oder Dolmetsch abgelegt hat;
3) die Bekräftigung einer Aussage, beziehungsweise Erklä=rung durch die erwähnten Personen, mit Berufung auf den in der anhängigen Angelegenheit in gleicher Eigenschaft bereits früher abgelegten Eid.

§. 219.

Wer in einer Civilsache einen falschen Haupt=, Erfüllungs=, Schätzungs= oder Offenbarungseid ablegt, ist mit Kerker bis zu fünf Jahren und an Geld bis zu viertausend Gulden, — im Falle des §. 216 hingegen mit Kerker bis zu einem Jahre und an Geld bis zu vierhundert Gulden zu bestrafen.

§. 220.

Wer im Disciplinar=Verfahren gegen einen öffentlichen Beamten oder einen Advokaten eine falſche Ausſage ablegt und dieſelbe mit einem Eide bekräftigt, iſt mit Kerker bis zu einem Jahre zu beſtrafen.

Wenn die falſche Ausſage jedoch zum Nachtheile des in Disciplinar=Unterſuchung Gezogenen abgelegt und dieſer aus ſeinem Amte oder ſeiner Stellung entfernt wurde, ſo iſt die Strafe für die falſche Ausſage mit Kerker bis zu drei Jahren, wenn aber auf eine geringere Disciplinarſtrafe erkannt wurde, mit Kerker bis zu zwei Jahren zu bemeſſen.

Die Beſtimmungen dieſes Paragraphen ſind auch dann an= zuwenden, wenn Civilperſonen in den vor dem militäriſchen Ehrengerichte verhandelten Angelegenheiten eine falſche Ausſage abgelegt haben.

§. 221.

Eine aus Fahrläſſigkeit abgegebene falſche Ausſage, falſche Erklärung eines Sachverſtändigen oder falſche Ueberſetzung, ſowie ein aus Fahrläſſigkeit abgelegter falſcher Eid iſt mit Gefäng= niß bis zu einem Jahre zu beſtrafen.

§. 222.

Wer einen Anderen zu einer falſchen Zeugenausſage in einem Strafprozeſſe oder zu einer in den §§. 217 oder 219 bezeichneten Handlung zu verleiten ſucht, iſt mit Kerker bis zu drei Jahren, in Uebertretungsfällen hingegen mit Gefängniß bis zu ſechs Monaten zu beſtrafen.

Wer dieſe Handlung in einem Civilprozeſſe begeht, iſt mit Gefängniß bis zu zwei Jahren und an Geld bis zu tauſend Gulden, im Falle des §. 216 hingegen mit Gefängniß bis zu ſechs Monaten und an Geld bis zu vierhundert Gulden zu beſtrafen.

Wer jedoch dieſe Handlung in einer Disciplinar=Angele= genheit begeht, iſt mit Gefängniß bis zu ſechs Monaten zu beſtrafen.

§. 223.

Wegen der in dieſem Hauptſtücke angeführten Handlungen iſt, falls ſie ein Verbrechen bilden, neben der Hauptſtrafe auch auf Amtsverluſt zu erkennen.

§. 224.

Wegen der in dieſem Hauptſtücke angeführten Handlungen wird nicht beſtraft:

1) wer durch eine wahre Ausſage ſich ſelbſt einer ſtrafbaren Handlung beſchuldigen würde;

2) wer in einer Straf= oder Disciplinarſache berechtigt war, die Abgabe der Zeugenausſage oder des Gutachtens zu verweigern, jedoch auf dieſes Recht durch das Gericht nicht aufmerkſam gemacht wurde.

§. 225.

Beſtraft wird ferner nicht, wer ſeine falſche Erklärung oder Ausſage (§. 217) oder ſeinen falſchen Eid bei der betreffenden Behörde widerruft, bevor gegen ihn eine Anzeige erſtattet oder das Strafverfahren eingeleitet worden iſt, und bevor aus der falſchen Ausſage oder Erklärung oder aus dem falſchen Eide für einen Anderen ein Nachtheil erwachſen iſt.

§. 226.

Wer eine der Wahrheit entſprechende Ausſage, Erklärung oder Eidesablegung widerruft und als falſch erklärt, ohne dieſen Widerruf durch einen Eid oder auf eine dieſem gleichwirkende Art (§. 218) zu bekräftigen, desgleichen wer einen Anderen zu einem ſolchen falſchen Widerrufe zu verleiten ſucht, iſt je nach Verſchiedenheit der Sache und Handlung im Sinne der §§. 213—219, 220, 222 und 223 zu beſtrafen.

XIII. Hauptſtück.
Falſche Anſchuldigung.

§. 227.

Eine falſche Anſchuldigung verübt Derjenige, welcher einen Anderen vor einer Behörde wiſſentlich einer ſtrafbaren Handlung fälſchlich beſchuldigt oder gegen ihn wiſſentlich falſche Verdachtsgründe oder Beweiſe erdichtet oder herſtellt.

Wenn die falſche Anſchuldigung ſich auf ein Verbrechen oder Vergehen bezieht, ſo bildet ſie ein Verbrechen und iſt mit Zuchthaus bis zu fünf Jahren zu beſtrafen; wenn ſie ſich jedoch auf eine Uebertretung oder eine solche Handlung bezieht, welche ein Disciplinarvergehen bildet, so ist sie als Vergehen mit Gefängniß bis zu einem Jahre und an Geld bis zu tausend Gulden zu bestrafen.

Wenn aber der falsch Angeschuldigte verurtheilt wurde, so sind die Strafbestimmungen der §§. 213 und 220 nach den dort festgesetzten Unterscheidungen anzuwenden.

Im Falle dieses Paragraphen ist neben der Hauptstrafe auch auf Amtsverlust zu erkennen.

§. 228.

Die falsche Anschuldigung ist nur dann von Amtswegen zu verfolgen, wenn auf Grund derselben das Strafverfahren gegen den Beschuldigten bereits eingeleitet worden ist.

§. 229.

Wenn in Folge der falschen Anschuldigung das Strafverfahren gegen den Beschuldigten nicht eingeleitet wurde, so ist das Strafverfahren wegen dieser Handlung nur über Antrag des fälschlich Beschuldigten einzuleiten, und wird der falsche Ankläger mit Gefängniß bis zu einem Jahre und an Geld bis zu tausend Gulden bestraft.

§. 230.

Wenn solche Thatsachen oder Beweise bekannt sind, von welchen die Freisprechung des unschuldig in Untersuchung Gezogenen oder die Befreiung eines unschuldig Verurtheilten abhängt und wer dieselben dem Betreffenden, dessen Angehörigen oder der bezüglichen Behörde nicht mittheilt, obwohl er dies ohne Gefahr für sich, seine Angehörigen, oder eine schuldlose andere Person hätte thun können, macht sich eines Vergehens schuldig und ist mit Gefängniß bis zu drei Jahren zu bestrafen.

§. 231.

Wenn Jemand wegen falscher Anschuldigung verurtheilt wird, so ist das Urtheil auf Verlangen des Gekränkten und auf Kosten des Verurtheilten im Wege der Presse zu verlautbaren.

XIV. Hauptſtück.
Verbrechen und Vergehen gegen die Sittlichkeit.

§. 232.

Das Verbrechen der Nothzucht begeht und iſt mit Zucht=
haus bis zu zehn Jahren zu beſtrafen :

1) wer eine Frauensperſon durch Gewalt oder Drohungen
zu einem außerehelichen Beiſchlafe nöthigt;

2) wer den Zuſtand der Bewußtloſigkeit, Willensloſigkeit
oder Wehrloſigkeit einer Frauensperſon zu einem unehelichen
Beiſchlafe mit derſelben mißbraucht, ohne Rückſicht darauf, ob
er dieſen Zuſtand hervorgerufen hat oder nicht.

§. 233.

Wegen des Verbrechens der gewaltſamen Unzucht iſt mit
Kerker bis zu fünf Jahren zu beſtrafen, wer an einer Frauens=
perſon mit Gewalt oder Drohungen, oder wer an einer Frauens=
perſon, welche ſich in dem im Abſ. 2) des §. 232 bezeichneten
Zuſtande befindet, außer der Ehe eine unzüchtige Handlung
verübt, falls dieſe nicht ein ſchwerer zu beſtrafendes Verbrechen
bildet.

§. 234.

Unter Drohung im Sinne dieſes Hauptſtückes wird eine
ſolche Drohung verſtanden, welche geeignet iſt, in der Bedroh=
ten eine gegründete Furcht vor dem unmittelbaren Eintritte
einer, ſie ſelbſt oder ihre anweſenden Angehörigen am Leben
oder der Geſundheit ſchwer bedrohenden Gefahr hervorzurufen.

§. 235.

Das im §. 232 bezeichnete Verbrechen iſt mit Zuchthaus
von zehn bis fünfzehn Jahren und das im §. 233 bezeichnete
Verbrechen iſt mit Zuchthaus von fünf bis zu zehn Jahren zu
beſtrafen :

1) wenn es an einer Verwandten auf= oder abſteigender
Linie oder an einer Schweſter;

2) wenn es an einer der Vormundſchaft, Curatel, dem
Unterrichte, der Erziehung, Aufſicht, Heilpflege oder Fürſorge
des Thäters anvertrauten Perſon verübt worden iſt.

§. 236.

Derjenige Mann, welcher einem unbescholtenen Mädchen unter vierzehn Jahren geschlechtlich beiwohnt, begeht das Verbrechen der Schändung und ist mit Zuchthaus bis zu fünf Jahren zu bestrafen.

§. 237.

Wenn das in den obigen Paragraphen angeführte Verbrechen oder die zur Verübung desselben benützten Mittel den Tod der Verletzten zur Folge hatten, so tritt lebenslängliche Zuchthausstrafe ein.

§. 238.

Wegen der in den vorhergehenden Paragraphen dieses Hauptstückes angeführten Verbrechen kann das Strafverfahren in der Regel nur über Antrag der verletzten Partei eingeleitet werden. Der Strafantrag kann aber nicht zurückgezogen werden.

§. 239.

Auch ohne Antrag der verletzten Partei ist das Strafverfahren einzuleiten:

1) wenn dem Thäter auch ein anderes Verbrechen zur Last fällt, welches hinsichtlich der Zeit oder des Ortes der Verübung mit dem in den obigen Paragraphen dieses Hauptstückes angeführten Verbrechen zusammenhängt, und von Amtswegen zu verfolgen ist;

2) wenn das Verbrechen den Tod der verletzten Person verursacht hat;

3) wenn einer der im §. 235 angeführten Fälle vorliegt.

§. 240.

Nothzucht, gewaltsame Unzucht und Schändung bleiben straflos, wenn der Thäter die verletzte Frauensperson vor der Verlautbarung des Strafurtheiles geheirathet hat.

§. 241.

Unzucht, welche zwischen Personen männlichen Geschlechtes oder von einem Menschen mit einem Thiere begangen wird, bildet das Vergehen der widernatürlichen Unzucht und ist mit Gefängniß bis zu einem Jahre zu bestrafen.

§. 242.

Die widernatürliche Unzucht bildet ein Verbrechen und ist mit Kerker bis zu fünf Jahren zu bestrafen, wenn sie zwischen Personen männlichen Geschlechtes unter Anwendung von Gewalt oder Drohungen begangen wird; wenn aber das Verbrechen den Tod des Verletzten zur Folge hatte, so ist dasselbe mit lebens=länglichem Zuchthaus zu bestrafen.

§. 243.

Der Beischlaf zwischen Verwandten auf= und absteigender Linie bildet das Verbrechen der Blutschande und ist an den ersteren mit Zuchthaus bis zu fünf Jahren, an den letzteren hingegen mit Gefängniß bis zu zwei Jahren zu bestrafen.

Andere unzüchtige Handlungen zwischen Verwandten auf= und absteigender Linie sind an den ersteren mit Zuchthaus bis zu drei Jahren, an den letzteren hingegen mit Gefängniß bis zu einem Jahre zu bestrafen.

Die Verwandten absteigender Linie bleiben jedoch straflos, wenn sie zur Zeit der Verübung der Handlung das achtzehnte Lebensjahr noch nicht überschritten haben.

§. 244.

Der Beischlaf zwischen Geschwistern bildet gleichfalls das Verbrechen der Blutschande und ist mit Kerker bis zu zwei Jahren zu bestrafen.

Diese Strafe ist auch im Falle der widernatürlichen Un=zucht zwischen Geschwistern anzuwenden.

Das Strafverfahren wird nur über Antrag der Eltern oder des Curators eingeleitet.

In den Fällen des §. 242 ist das Verbrechen von Amts=wegen zu verfolgen und mit der daselbst festgesetzten Strafe zu ahnden.

§. 245.

Wer einer Frau vorspiegelt, daß er ihr Gatte sei, und deren Irrthum zur Ausübung des Beischlafes mit ihr miß=braucht, begeht ein Verbrechen gegen die Sittlichkeit und ist mit Kerker bis zu drei Jahren zu bestrafen.

Das Strafverfahren wird nur über Antrag der beleidigten Frau oder ihres Ehegatten eingeleitet.

§. 246.

Der Ehebruch ist, wenn in Folge dessen die Auflösung der Ehe oder die Ehescheidung mittelst rechtskräftigen Urtheiles ausgesprochen wurde, mit Gefängniß bis zu drei Monaten zu bestrafen.

Die Einbringung der Klage auf Auflösung der Ehe oder Ehescheidung unterbricht die Verjährung; letztere beginnt jedoch, sobald das Urtheil in Rechtskraft erwachsen ist, von Neuem.

Das Strafverfahren ist nur über Antrag des beleidigten Ehegatten einzuleiten.

§. 247.

Derjenige, welcher seine eheliche oder natürliche Tochter zum Beischlafe mit einem Anderen, oder welcher sein eheliches oder natürliches Kind zu geschlechtlicher oder widernatürlicher Unzucht mit einem Anderen verleitet, begeht das Verbrechen der Kuppelei und ist mit Zuchthaus bis zu fünf Jahren zu bestrafen.

Dieselbe Strafe trifft auch Denjenigen, welcher eine seiner Vormundschaft, Curatel, Erziehung, seinem Unterrichte oder seiner Aufsicht anvertraute Person zu einer solchen Handlung verführt.

§. 248.

Wer unzüchtige Schriften, Druckwerke oder bildliche Darstellungen an einem öffentlichen Orte ausstellt, verkauft oder verbreitet, begeht ein Vergehen gegen die Sittlichkeit und ist mit Gefängniß bis zu drei Monaten und an Geld bis zu hundert Gulden zu bestrafen.

Der Verfasser, Verfertiger oder Drucker einer solchen Schrift, eines solchen Druckwerkes oder einer solchen bildlichen Darstellung ist, wenn die Vervielfältigung, Verbreitung oder öffentliche Ausstellung mit seinem Wissen erfolgt, mit Gefängniß bis zu sechs Monaten und an Geld bis zu fünfhundert Gulden zu bestrafen.

§. 249.

Wer durch die öffentliche Verübung einer die Schamhaftigkeit verletzenden Handlung allgemeines Aergerniß erregt, ist mit Gefängniß bis zu drei Monaten und an Geld bis zu zweihundert Gulden zu bestrafen.

§. 250.

Wegen der in den früheren Paragraphen dieses Haupt=
stückes angeführten Handlungen ist, falls sie ein Verbrechen
bilden, neben den festgesetzten Strafen auch noch auf Amtsver=
lust zu erkennen.

XV. Hauptstück.
Zweifache Ehe.

§. 251.

Wer in einer giltigen Ehe lebt und sich abermals ver=
heirathet, ebenso auch eine solche unverheirathete Person, welche
wissentlich mit einer verheiratheten Person eine Ehe schließt,
begeht das Verbrechen der zweifachen Ehe und ist mit Kerker
bis zu drei Jahren zu bestrafen.

Derjenige hingegen, welcher den mit ihm die Ehe ein=
gehenden Theil bezüglich des Bestandes der früheren Ehe irre
geführt hat, ist mit Kerker bis zu fünf Jahren zu bestrafen.

§. 252.

Derjenige Seelsorger, welcher die Parteien traut, obwohl
er weiß, daß die beabsichtigte Ehe eine zweifache Ehe wäre,
ist mit Kerker bis zu fünf Jahren zu bestrafen.

§. 253.

Derjenige Seelsorger, welchem hinsichtlich der Schließung
einer zweifachen Ehe eine Fahrlässigkeit zur Last fällt, macht
sich eines Vergehens schuldig und ist mit Gefängniß bis zu
einem Jahre zu bestrafen.

XVI. Hauptstück.
Verbrechen und Vergehen in Beziehung auf den Familienstand.

§. 254.

Wer ein Kind einer anderen Familie unterschiebt oder
verwechselt, bei Seite schafft, verheimlicht, an einem gewöhnlich
belebten Orte aussetzt, auf irgend eine andere Art seines
Familienstandes beraubt oder diesen Stand verändert, begeht

ein Verbrechen gegen den Familienstand und ist mit Kerker
bis zu einem Jahre zu bestrafen.

Wenn die Handlung jedoch in gewinnsüchtiger Absicht be=
gangen wurde, so ist sie mit Zuchthaus bis zu fünf Jahren
zu bestrafen.

§. 255.

Wer bei Eingehung einer Ehe dem anderen Theile irgend
ein trennendes Ehehinderniß verschwiegen oder ihn zur Ein=
gehung der Ehe durch eine solche Täuschung bewogen hat,
wegen welcher die Ehe aufgelöst oder für nichtig erklärt worden
ist, begeht ein Verbrechen gegen den Familienstand und ist mit
Kerker bis zu zwei Jahren zu bestrafen.

Wegen dieses Verbrechens wird das Strafverfahren nur
auf Antrag des verletzten Theiles eingeleitet.

§. 256.

Derjenige Seelsorger, welcher weiß, daß ein solches Ehe=
hinderniß besteht, in Folge dessen die Ehe auflösbar oder un=
giltig ist, und die Parteien dennoch traut, ist mit Kerker bis
zu drei Jahren zu bestrafen.

§. 257.

Derjenige Seelsorger, welchem hinsichtlich der Schließung
einer solchen Ehe, die eines Ehehindernisses wegen auflösbar
oder ungiltig ist, eine Fahrlässigkeit zur Last fällt, macht sich
eines Vergehens schuldig und ist mit Gefängniß bis zu sechs
Monaten zu bestrafen.

XVII. Hauptstück.
Verleumdung und Ehrenbeleidigung.

§. 258.

Des Vergehens der Verleumdung macht sich schuldig und
ist mit Gefängniß bis zu sechs Monaten und an Geld bis zu
fünfhundert Gulden zu bestrafen, wer über einen Anderen in
Gegenwart Mehrerer oder vor mehreren, wenn auch nicht gleich=
zeitig anwesenden Personen eine solche Thatsache behauptet,

welche, — falls sie wahr wäre, — Anlaß zur Einleitung des Strafverfahrens gegen Denjenigen, von dem sie behauptet wird, geben oder ihn allgemein verächtlich machen würde.

§. 259.

Mit Gefängniß bis zu einem Jahre und an Geld bis zu tausend Gulden ist die Verleumdung zu bestrafen, wenn der Verleumder seine Behauptung in einer Druckschrift oder durch die öffentliche Ausstellung einer bildlichen Darstellung bekannt gemacht oder verbreitet hat.

§. 260.

Eine Verläumdung begeht und ist mit Gefängniß bis zu einem Jahre zu bestrafen, wer einen Anderen vor einer Behörde der Verübung einer strafbaren Handlung beschuldigt, wenn sich die Beschuldigung als unwahr erweist und das Verbrechen oder Vergehen der falschen Anschuldigung (§. 227) nicht vorliegt.

§. 261.

Wer gegen einen Anderen einen beschimpfenden Ausdruck gebraucht oder eine beschimpfende Handlung verübt, macht sich — insofern der Fall des §. 258 nicht vorliegt — des Vergehens der Ehrenbeleidigung schuldig und ist an Geld bis zu fünfhundert Gulden, wenn er jedoch die Beschimpfung auf die im §. 259 angeführte Art veröffentlicht oder verbreitet hat, mit Gefängniß bis zu drei Monaten und an Geld bis zu fünfhundert Gulden zu bestrafen.

Wenn die Handlung in einer körperlichen Verletzung besteht, so ist die bezügliche gesetzliche Bestimmung anzuwenden.

§. 262.

Gegen die durch ein Gesetz constituirten Körperschaften, Behörden oder deren Delegationen oder Mitglieder gerichtete öffentliche Verleumdungen oder Ehrenbeleidigungen werden, — wenn sie auch nicht in einer Druckschrift enthalten sind, — mit Gefängniß bis zu einem Jahre und an Geld bis zu zweitausend Gulden bestraft.

§. 263.

Im Falle einer Verleumdung oder Ehrenbeleidigung ist der Beweis der Wahrheit der angeblichen Thatsache oder des beleidigenden Ausdruckes gestattet :

1) wenn der Beleidigte ein öffentlicher Beamte oder Mit= glied einer Behörde ist und die Behauptung oder der Ausdruck sich auf seine Amtsgebahrung bezieht;

2) wenn das Strafverfahren wegen der behaupteten That= sache zur Zeit der Behauptung bereits eingeleitet war;

3) wenn die behauptete Thatsache mittelst eines rechts= kräftigen Urtheiles als wahr erklärt worden ist;

4) wenn der beleidigte Theil vor Gericht selbst die Zu= lassung des Wahrheitsbeweises verlangt;

5) wenn der Angeklagte nachweist, daß der Zweck seiner Behauptung die Wahrung oder Förderung öffentlicher oder berechtigter Privatinteressen war.

Der Beweis der Wahrheit der Behauptung oder des Aus= druckes hat die Straflosigkeit des Angeklagten zur Folge.

§. 264.

Der Beweis der Wahrheit einer Behauptung oder eines Ausdruckes ist nicht zulässig und darf selbst auf Verlangen des Beleidigten nicht gestattet werden :

1) wenn die Verleumdung oder Ehrenbeleidigung gegen eine der im §. 272 angeführten Personen begangen worden ist;

2) wenn die Behauptung oder der Ausdruck sich auf eine solche Handlung bezieht, wegen welcher das Strafverfahren nur über Antrag des Verletzten eingeleitet werden darf und wenn der hiezu Berechtigte (§. 113) einen solchen Antrag nicht ge= stellt oder denselben zurückgezogen hat;

3) wenn hinsichtlich der behaupteten Thatsache ein rechts= kräftiges freisprechendes Urtheil oder ein Einstellungsbeschluß erflossen ist;

4) wenn die Behauptung oder der Ausdruck sich auf Ver= hältnisse des Familienlebens bezieht oder die weibliche Ehre verletzt.

§. 265.

Der Beweis darüber, daß die behauptete Thatsache allge= mein bekannt ist, darf nicht geführt werden.

§. 266.

Das Strafverfahren wegen Verleumbung und Ehrenbe=
leidigung ist ausgeschlossen, wenn die Thatsache oder der be=
schimpfende Ausdruck bei der Verhandlung einer, vor einer Be=
hörde anhängigen Angelegenheit in Bezug auf diese Angelegen=
heit und die Parteien, mündlich oder in den Verhandlungsacten
behauptet, beziehungsweise angewendet wird, oder wenn die
ehrenrührigen Folgerungen aus den in der Angelegenheit sich
ergebenden Thatsachen oder Umständen abgeleitet werden.

Durch diese Anordnung wird aber weder das Disciplinar=
verfahren gegen den betreffenden Advocaten oder öffentlichen
Notar, noch die Anwendung sonstiger gesetzlicher Bestimmungen
zum Behufe der Ahndung der verleumderischen oder ehrenrührigen
Ausdrücke ausgeschlossen.

§. 267.

Wenn wegen der behaupteten Thatsache das Straf= oder
Disciplinarverfahren eingeleitet wurde, bevor noch das Gericht
ein rechtskräftiges Urtheil in der Angelegenheit über die Ver=
leumbung oder Ehrenbeleidigung gefällt hat, so ist das letztere
Verfahren so lange zu sistiren, bis das anhängige Straf= oder
Disciplinarverfahren wegen der betreffenden Thatsache nicht
beendigt ist.

§. 268.

Wegen der in diesem Hauptstücke angeführten strafbaren
Handlungen kann das Strafverfahren nur auf Antrag des be=
leidigten Theiles eingeleitet werden.

§. 269.

Wenn die Verleumdung oder Ehrenbeleidigung gegen den
Reichstag, eines der beiden Häuser desselben, den croatisch=
slavonisch=dalmatinischen Reichstag, einen Ausschuß dieser Körper=
schaften, gegen die zur Verhandlung der gemeinsamen Angelegen=
heiten entsendeten Delegationen, oder eine dieser Delegationen,
oder einen Ausschuß derselben gerichtet ist, so wird das Straf=
verfahren von Amtswegen, allein nur über Ermächtigung jenes
Reichstages oder jener Delegation eingeleitet, welcher (welche)
beleidigt worden ist oder welcher (welche) den beleidigten Aus=
schuß, beziehungsweise die beleidigte Delegation gewählt hat.

5*

§. 270.

Das Strafverfahren ist von Amtswegen einzuleiten:

1) wenn in Bezug auf die Amtspflichten einer Behörde oder einer Commission derselben (§. 271) oder

2) hinsichtlich der Amtspflichten eines öffentlichen Beamten eine solche Thatsache behauptet wurde, welche, — falls sie wahr wäre, — eine Criminal= oder Disciplinarstrafe nach sich ziehen würde;

3) wenn die Verleumdung oder Ehrenbeleidigung gegen die gemeinsame Armee, die Kriegsmarine, die Landwehr oder gegen eine selbstständige Abtheilung derselben gerichtet ist.

Wenn die Verleumdung oder Ehrenbeleidigung gegen einen kön. ungarischen Minister oder gegen einen kais. und kön. gemeinsamen Minister hinsichtlich seiner amtlichen Thätigkeit gerichtet ist, so kann das Strafverfahren nur über Ermächtigung des beleidigten Ministers, — wenn aber die Verleumdung oder Ehrenbeleidigung gegen die ganze Regierung gerichtet ist, nur über Ermächtigung des Ministerrathes, — in den unter 3) angeführten Fällen dagegen nur über Ermächtigung des gemeinsamen Kriegsministers, beziehungsweise des Ministers für Landesvertheidigung eingeleitet werden.

§. 271.

Wenn in Bezug auf die Amtspflichten der Gerichte, Richter, Gerichtsbeamten, der Staatsanwaltschaft oder Mitglieder derselben eine solche Thatsache behauptet wird, welche, — falls sie wahr wäre, — eine Criminal= oder Disciplinarstrafe nach sich ziehen würde, — so kann das Strafverfahren wegen Verleumdung nur von Amtswegen und nur über Ermächtigung des Justizministers eingeleitet werden.

§. 272.

Wenn die Verleumdung oder Ehrenbeleidigung:

1) gegen den Monarchen oder das Oberhaupt eines auswärtigen Staates;

2) gegen einen bei Sr. Majestät beglaubigten Gesandten oder Geschäftsträger (Chargé d'affaires) eines auswärtigen Staates gerichtet ist, so wird das Strafverfahren von Amts=

wegen nur über das im diplomatiſchen Wege geſtellte Verlangen
des betreffenden Staates oder Geſandten, beziehungsweiſe Ge=
ſchäftsträgers eingeleitet.

§. 273.

Gegen Verſtorbene gerichtete Verleumdungen und Ehren=
beleidigungen ſind ebenfalls nach den Anordnungen des gegen=
wärtigen Hauptſtückes zu beſtrafen.

Das Strafverfahren kann jedoch nur über Antrag der
Kinder, Eltern, Geſchwiſter oder des Ehegatten des Verſtorbenen
eingeleitet werden.

Dieſe Anordnung gilt auch in dem Falle, wenn der Ver=
leumdete zur Zeit der Verübung der Verleumdung oder Ehren=
beleidigung noch am Leben war, jedoch vor ſeinem Tode die
Einleitung des Strafverfahrens nicht beantragt hat.

§. 274.

Im Falle einer gegenſeitigen Verleumdung oder Ehren=
beleidigung ſteht ſolange, bis das über Antrag der einen Partei
eingeleitete Strafverfahren nicht beendigt iſt, auch der anderen
Partei das Recht zu, wegen der gegen ſie gerichteten Beleidigung
die Einleitung des Strafverfahrens zu verlangen, wenn auch
die Verjährungsfriſt ſchon abgelaufen wäre.

§. 275.

Im Falle einer gleichzeitig ſtattgefundenen gegenſeitigen
Ehrenbeleidigung kann das Gericht unter Feſtſtellung der
Schuldfrage beiden Parteien oder nur einer derſelben die
Strafe nachſehen.

§. 276.

Wenn das Strafverfahren über Antrag einer Privatpartei
eingeleitet wurde (§. 113), und dieſe ihren Antrag zurückgezogen
hat, oder wenn der Angeklagte rechtskräftig freigeſprochen wurde,
ſo kann der letztere, falls nicht etwa eine falſche Anſchuldigung
vorliegt, binnen drei Monaten vom Tage des Widerrufes oder
der Freiſprechung die Einleitung des Strafverfahrens gegen
den Ankläger verlangen.

§. 277.

Im Falle einer Verurtheilung wegen Verleumdung oder Ehrenbeleidigung ist auf Verlangen der beleidigten Partei anzuordnen, daß der vollе Inhalt des Urtheiles sammt den Gründen auf Kosten des Verurtheilten in einer Zeitung jener Gegend, in welcher die strafbare Handlung begangen worden ist, und wenn daselbst keine Zeitung erscheinen sollte, in einer durch die beleidigte Partei zu bestimmenden inländischen Zeitung verlautbart werde.

Dieses Verlangen muß im Laufe der Verhandlung ge= stellt werden.

Wenn die strafbare Handlung jedoch in einer periodischen Druckschrift begangen wurde, so ist das Urtheil sammt den Gründen in derselben Zeitschrift, an der Spitze der ersten, nach erfolgter Kundmachung oder Zustellung des rechtskräftigen Urtheiles erscheinenden Nummer zu verlautbaren.

XVIII. Hauptstück.

Verbrechen und Vergehen wider das Leben.

§. 278.

Wer einen Menschen nach vorheriger Ueberlegung vorsätzlich tödtet, begeht das Verbrechen des Mordes und ist mit dem Tode zu bestrafen.

§. 279.

Wer einen Menschen vorsätzlich tödtet, jedoch seinen Vor= satz vorher nicht überlegt hat, begeht das Verbrechen der vor= sätzlichen Tödtung und ist mit Zuchthaus von zehn bis zu fünfzehn Jahren zu bestrafen.

§. 280.

Die vorsätzliche Tödtung wird mit lebenslänglichem Zucht= haus bestraft, wenn sie durch den Thäter an einem ehelichen Verwandten aufsteigender Linie, an seinem Ehegatten, an mehreren Menschen, oder durch ein uneheliches Kind an seiner leiblichen Mutter oder im Falle der Legitimität an seinem natürlichen Vater verübt wurde.

§. 281.

Wenn der Vorsatz in einer heftigen Gemüthsbewegung des Thäters gefaßt und auch sofort ausgeführt wurde, so ist die Tödtung mit Zuchthaus bis zu zehn Jahren zu bestrafen.

Wurde die heftige Gemüthsbewegung jedoch dadurch hervorgerufen, daß der Getödtete den Thäter oder dessen Angehörige widerrechtlich schwer mißhandelt oder beleidigt hat, und wurde die Tödtung in dieser Aufregung auch sofort ausgeführt, so ist auf Kerker bis zu fünf Jahren zu erkennen.

Die an einem Verwandten auf- oder absteigender Linie oder an dem Ehegatten in heftiger Gemüthsbewegung begangene Tödtung ist mit Zuchthaus von fünf bis zu zehn Jahren zu bestrafen.

§. 282.

Wer zur Tödtung eines Menschen durch dessen ausdrückliches und ernstliches Verlangen bestimmt worden ist, wird mit Kerker bis zu drei Jahren bestraft.

§. 283.

Mit Gefängniß bis zu drei Jahren ist Derjenige zu bestrafen, wer einen Anderen zum Selbstmorde bestimmt oder ihm zu diesem Zwecke wissentlich Mittel oder Werkzeuge verschafft.

Wenn jedoch zwei Personen sich gegenseitig verabredet haben, auf eine vorher festgesetzte Art vom Loose abhängig zu machen, wer von Beiden sich selbst tödten soll, und wenn in Folge dessen die den Selbstmord bezweckende Handlung auch vollführt wurde, der Tod aber nicht erfolgt ist, so sind beide Theile auf Staatsgefängniß von ein bis zu fünf Jahren, im Falle des eingetretenen Todes hingegen ist der Ueberlebende mit Staatsgefängniß von fünf bis zu zehn Jahren zu bestrafen.

§. 284.

Diejenige Mutter, welche ihr uneheliches Kind während oder unmittelbar nach der Geburt vorsätzlich tödtet, ist mit Kerker bis zu fünf Jahren zu bestrafen.

§. 285.

Eine schwangere Frauensperson, welche ihre Leibesfrucht vorsätzlich abtreibt, tödtet oder solches durch einen Anderen

bewerkstelligen läßt, ist im Falle einer außerehelichen Schwanger=
schaft mit Kerker bis zu zwei Jahren, im entgegengesetzten Falle
hingegen mit Kerker bis zu drei Jahren zu bestrafen.

Dieselbe Strafe trifft auch Denjenigen, welcher das Ver=
brechen mit Einwilligung der schwangeren Frauensperson begeht;
hat er es aber aus Gewinnsucht verübt, so ist er mit Kerker
bis zu fünf Jahren zu bestrafen.

§. 286.

Wer die Leibesfrucht einer Schwangeren ohne deren Ein=
willigung vorsätzlich abtreibt oder tödtet, ist mit Zuchthaus bis
zu fünf Jahren zu bestrafen.

Wenn aber dadurch der Tod der Schwangeren verursacht
wurde, so ist auf Zuchthaus von zehn bis zu fünfzehn Jahren
zu erkennen.

§. 287.

Eltern, welche ihr wegen seines Alters oder Zustandes
hilfloses Kind an einem abgelegenen oder gewöhnlich unbeleb=
ten Orte aussetzen, oder unter solchen Umständen verlassen, daß
dessen Rettung vom Zufalle abhängt, begehen das Verbrechen
der Kindesaussetzung und sind mit Zuchthaus bis zu drei
Jahren zu bestrafen.

Wer aber eine wegen ihres Alters oder Zustandes hilf=
lose Person, deren Pflege ihm obliegt, oder welche unter seiner
Aufsicht steht, aussetzt oder in einem hilflosen Zustande ver=
läßt, ist mit Kerker bis zu drei Jahren zu bestrafen.

Wenn die ausgesetzte oder verlassene Person in Folge der
Aussetzung oder des Verlassens eine schwere Körperverletzung
erlitten hat, so ist die Handlung mit Zuchthaus bis zu fünf
Jahren, wenn aber dadurch der Tod verursacht wurde, mit
Zuchthaus von fünf bis zu zehn Jahren zu bestrafen.

§. 288.

Die Vereinigung zur Verübung des im §. 278 bezeich=
neten Verbrechens wird, wenn auch eine vorbereitende Handlung
vorliegt, mit Kerker bis zu zwei Jahren bestraft.

§. 289.

Außer den in den obigen Paragraphen dieses Hauptstückes
festgesetzten Strafen ist auch auf Amtsverlust zu erkennen.

§. 290.

Wer durch Fahrlässigkeit den Tod eines Menschen ver=
ursacht hat, begeht das Vergehen der Tödtung und ist mit Ge=
fängniß bis zu drei Jahren zu bestrafen.

§. 291.

Wenn aber der Tod eines Menschen durch Unkenntniß oder
Nachlässigkeit des Thäters in seinem Berufe oder seiner Beschäf=
tigung, oder in Folge der Außerachtlassung der bestehenden Vor=
schriften herbeigeführt wurde, so ist der Schuldtragende mit
Gefängniß bis zu drei Jahren und an Geld von hundert bis
zu zweitausend Gulden zu bestrafen.

In den Fällen dieses Paragraphen kann das Gericht nach
seinem Ermessen, dem als strafbar Erkannten die Ausübung
seines Berufes oder seiner Beschäftigung gänzlich oder für eine
bestimmte Zeitdauer untersagen, und die abermalige Gestattung
der Ausübung von einer neuerlichen Prüfung oder einem
anderen Nachweise über die Aneignung der entsprechenden Be=
fähigung abhängig machen.

§. 292.

Wenn im Falle eines Mordes oder einer Tödtung nach
dem Getödteten solche Personen hinterblieben sind, für deren
Erhaltung er zu sorgen verpflichtet war, so ist zu deren Gunsten
auch auf eine entsprechende Entschädigung zu erkennen, welche
nach Maßgabe der Verhältnisse in einem ein für allemal zu
erlegenden Capitalsbetrage oder in einer Jahresrente bestehen
kann.

XIX. Hauptstück.
Zweikampf.

§. 293.

Die Herausforderung zum Zweikampfe, sowie die Annahme
der Herausforderung bildet ein Vergehen und ist mit Staats=
gefängniß bis zu sechs Monaten zu bestrafen.

§. 294.

Der im vorigen Paragraphen festgesetzten Strafe unter=
liegen auch die Secundanten, sowie Diejenigen, welche einen
Ausgleich verhindern. (§. 300.)

§. 295.

Wer einen Anderen zum Zweikampfe unmittelbar aneifert, oder aber demselben mit Verachtung droht, weil er einen Dritten nicht herausfordert oder die Herausforderung nicht annimmt, ist mit Staatsgefängniß bis zu einem Jahre zu bestrafen.

§. 296.

Wer sich zum Zweikampfe bewaffnet stellt, ist mit Staats= gefängniß bis zu einem Jahre zu bestrafen.

§. 297.

Wenn die Parteien vom Zweikampfe abgestanden sind, kann Niemand bestraft werden.

§. 298.

Wer seinen Gegner im Zweikampfe verwundet, ist mit Staatsgefängniß bis zu zwei Jahren zu bestrafen.

Wenn der Verwundete ein Glied oder einen Sinn seines Körpers verloren hat, oder wenn aus der Verwundung eine unheilbare Verletzung entstanden ist, so muß auf Staatsgefäng= niß bis zu drei Jahren erkannt werden.

Wer aber seinen Gegner im Zweikampfe getödtet hat, wird, wenn der Tod auch nicht sofort eingetreten ist, mit Staats= gefängniß bis zu fünf Jahren bestraft.

§. 299.

Derjenige Duellant, welcher die üblichen oder im gegen= seitigen Einvernehmen festgesetzten Regeln des Zweikampfes über= treten und in Folge dessen seinen Gegner getödtet hat, ist wegen des Verbrechens der vorsätzlichen Tödtung, falls · er ihn jedoch verwundet hat, wegen des Verbrechens der schweren körperlichen Verletzung nach dem hiefür festgesetzten Strafausmaße zu bestrafen. (§. 302.)

In den in diesem Paragraphen bezeichneten Fällen sind die Secundanten als Theilnehmer zu bestrafen.

§. 300.

Die bei dem Zweikampfe anwesend gewesenen Zeugen und Aerzte, ferner — mit Ausnahme der Fälle des vorigen Para= graphen — jene Secundanten, welche den Zweikampf zu ver= hindern suchten, bleiben straflos.

XX. Hauptstück.
Körperliche Verletzung.

§. 301.

Wer einen Anderen vorsätzlich, aber ohne die Absicht zu
tödten, körperlich mißhandelt oder an der Gesundheit beschädigt,
begeht, wenn die dadurch verursachte Verletzung, Krankheit oder
Geistesstörung länger als zwanzig Tage gedauert hat, das Verbrechen der schweren körperlichen Verletzung, wenn sie weniger
als zwanzig, allein länger als acht Tage gedauert hat, das
Vergehen der schweren körperlichen Verletzung, — wenn sie
jedoch nicht länger als acht Tage gedauert hat, das Vergehen der leichten körperlichen Verletzung.

§. 302.

Das Verbrechen der schweren körperlichen Verletzung ist
mit Kerker bis zu drei Jahren, — das Vergehen der schweren
körperlichen Verletzung mit Gefängniß bis zu einem Jahre und
an Geld bis zu fünfhundert Gulden, — das Vergehen der
leichten körperlichen Verletzung hingegen mit Gefängniß bis zu
sechs Monaten und an Geld bis zu zweihundert Gulden zu
bestrafen.

Wenn die körperliche Verletzung an einem Verwandten
aufsteigender Linie begangen wurde, so ist das Verbrechen der
schweren körperlichen Verletzung mit Kerker bis zu fünf
Jahren, — das Vergehen der schweren körperlichen Verletzung
mit Gefängniß bis zu drei Jahren, — das Vergehen der leichten körperlichen Verletzung mit Gefängniß bis zu zwei Jahren
zu bestrafen.

§. 303.

Mit Kerker bis zu fünf Jahren ist die körperliche Verletzung zu bestrafen, wenn der Verletzte in Folge derselben ein
wichtigeres Glied seines Körpers oder einen Sinn, die Sprache,
das Gehör, das Sehvermögen oder die Zeugungsfähigkeit verloren hat; wenn ein Glied, einer dieser Sinne oder eine dieser
Fähigkeiten unbrauchbar oder wenn der Verletzte zum Krüppel
geworden ist; wenn er in eine Geisteskrankheit oder in eine
voraussichtlich lang andauernde Krankheit verfallen ist, oder
wenn er zur Fortsetzung seiner regelmäßigen Beschäftigung für

immer oder vorausſichtlich für lange Zeit unfähig geworden iſt,
oder wenn er eine auffallende Verunſtaltung erlitten hat.

Wenn aber eine ſolche Verletzung an einem Verwandten
aufſteigender Linie verübt wurde, ſo iſt auf Zuchthaus bis zu
fünf Jahren zu erkennen.

§. 304.

Die im §. 303 feſtgeſetzte Strafe iſt auch dann anzuwen=
den, wenn die körperliche Verletzung an einer ſchwangeren
Frauensperſon verübt wurde und dieſe in Folge deſſen die
Leibesfrucht verloren hat.

§. 305.

Wenn die Abſicht des Thäters auf eine der in den §§. 303
und 304 angeführten Folgen gerichtet war und dieſe auch ein=
getreten iſt, ſo iſt auf Zuchthaus bis zu fünf Jahren zu
erkennen.

§. 306.

Wenn in Folge der ſchweren körperlichen Verletzung der
Tod des Verletzten eingetreten iſt, ſo muß auf Zuchthaus bis
zu zehn Jahren, — wenn aber die Abſicht des Thäters auf
die in den §§. 303 und 304 erwähnten Folgen gerichtet war
und der Tod des Verletzten eingetreten iſt, ſo muß auf Zucht=
haus von fünf bis zu zehn Jahren erkannt werden.

§. 307.

Wenn im erſten Falle des §. 306 die körperliche Ver=
letzung, welche den Tod herbeigeführt hat, durch den Thäter in
einer heftigen Gemüthsaufregung begangen worden iſt, ſo ſoll
auf Kerker von einem bis zu fünf Jahren erkannt werden.

Wenn aber die heftige Aufregung dadurch entſtanden iſt,
daß jene Perſon, deren Tod durch die Verletzung herbeigeführt
wurde, den Thäter oder ſeine Angehörigen widerrechtlich ſchwer
beleidigt hat und die körperliche Verletzung in dieſer Aufregung
ſofort begangen wurde, ſo beträgt die Strafe Kerker bis zu drei
Jahren.

Die Beſtimmungen des gegenwärtigen Paragraphen ſind
nicht anwendbar, wenn die körperliche Verletzung, welche den
Tod herbeigeführt hat, an den Verwandten des Thäters auf=
ſteigender Linie begangen worden iſt.

§. 308.

Wenn die ſchwere körperliche Verletzung von ſolchen Miß=
handlungen herrührt, welche durch Mehrere zugefügt wurden,
und nicht erhoben werden kann, wer dieſelbe verurſacht hat, ſo iſt
ein Jeder, welcher an der Mißhandlung vorſätzlich Theil
genommen hat, mit Kerker bis zu zwei Jahren und an Geld
bis zu zweihundert Gulden zu beſtrafen; — wenn jedoch die
Mißhandlungen den Tod zur Folge hatten, ſo iſt Jeder mit
Kerker bis zu drei Jahren und an Geld bis zu vierhundert
Gulden zu beſtrafen.

§. 309.

Wer in der Abſicht, Jemanden an ſeiner Geſundheit zu
ſchädigen, demſelben Gift oder ein ſonſtiges ſchädliches Mittel bei=
bringt, oder dieſes auf irgend eine Art anwendet, iſt mit Kerker
bis zu fünf Jahren zu beſtrafen; wenn das Mittel lebensgefähr=
lich war, jedoch nicht in der Abſicht zu tödten beigebracht oder
angewendet wurde, ſo iſt die Strafe mit Zuchthaus von drei
bis zu fünf Jahren zu bemeſſen.

Wenn in Folge der Beibringung oder Anwendung eines
lebensgefährlichen Mittels eine der in den §§. 303 und 304
bezeichneten Folgen oder der Tod eingetreten iſt, ſo wird der
Thäter mit Zuchthaus von zehn bis zu fünfzehn Jahren beſtraft.

§. 310.

Wer durch Fahrläſſigkeit einem Andern eine ſchwere körper=
liche Verletzung zugefügt hat, iſt mit Gefängniß bis zu drei
Monaten und an Geld bis zu zweihundert Gulden zu beſtrafen.

Wenn die ſchwere körperliche Verletzung jedoch durch Un=
kenntniß oder Nachläſſigkeit des Thäters in ſeinem Berufe oder
ſeiner Beſchäftigung, oder durch Außerachtlaſſung der dießfalls
beſtehenden Vorſchriften herbeigeführt wurde, ſo iſt auf Gefäng=
niß bis zu einem Jahre und auf eine Geldſtrafe bis zu fünf=
hundert Gulden zu erkennen.

Die Beſtimmungen des §. 291 über die Unterſagung und
neuerliche Geſtattung einer Beſchäftigung ſind auch in den
Fällen dieſes Paragraphen anzuwenden.

§. 311.

In den Fällen dieſes Hauptſtückes iſt auf Verlangen und
zu Gunſten des Verletzten auch eine angemeſſene Entſchädigung

zuzuurtheilen, welche im Falle einer dauernden Krankheit oder Berufsunfähigkeit, nach Maßgabe der persönlichen oder Familien= verhältnisse des Verletzten, in einem ein für allemal zu erlegen= den Capitalsbetrage oder in einer Jahresrente bestehen kann.

§. 312.

Wegen leichter körperlicher Verletzung kann das Strafver= fahren nur auf Verlangen der verletzten Partei eingeleitet werden.

§. 313.

Wegen einer leichten körperlichen Verletzung, welche von einer zur häuslichen Züchtigung berechtigten Person in Ausübung dieses Rechtes zugefügt worden ist, tritt keine Bestrafung ein.

XXI. Hauptstück.
Verbrechen und Vergehen gegen die öffentliche Gesundheitspflege.

§. 314.

Wer zum öffentlichen Verbrauche dienenden und zum Ver= kaufe oder zur Vertheilung bestimmten Nahrungsmitteln gesund= heitsschädliche Stoffe beimischt oder beimischen läßt, — ferner, wer derart verfälschte oder lebensgefährliche Nahrungsmittel zum Verkaufe oder zur Vertheilung in seinem Gewölbe oder in einem anderen Waarendepot oder Magazine hält, begeht ein Vergehen gegen die öffentliche Gesundheitspflege und ist mit Gefängniß bis zu einem Jahre und an Geld von hundert bis zu tausend Gulden zu bestrafen.

§. 315.

Wer einen im Gebrauche befindlichen Brunnen, eine Wasserleitung oder einen Wasserbehälter vergiftet, ebenso wer mit gesundheitsschädlichen Stoffen vermischte Nahrungsmittel (§. 314) unter Verschweigung ihrer gefährlichen oder schädlichen Eigenschaft verkauft, in Verkehr setzt oder vertheilt, ist mit Zuchthaus von fünf bis zu zehn Jahren, und wenn in Folge dessen eine schwere körperliche Verletzung oder der Tod eines Menschen eingetreten ist, — insofern nicht ein Mord vorliegt, — mit Zuchthaus von zehn bis zu fünfzehn Jahren zu bestrafen.

§. 316.

Wer zur Zeit einer ansteckenden Krankheit die zur Ver=
hinderung ihrer weiteren Ausbreitung angeordneten Absperrungs=
oder sonstigen Ueberwachungs=Vorschriften verletzt, ist mit Ge=
fängniß bis zu sechs Monaten zu bestrafen.

Wenn aber in Folge Verletzung der Absperrungs= oder
Ueberwachungs=Vorschriften Jemand von der ansteckenden Krank=
heit ergriffen worden ist, so wird der Schuldige mit Gefängniß
bis zu drei Jahren bestraft.

Der Versuch ist strafbar.

XXII. Hauptstück.
Verletzung der persönlichen Freiheit durch Privatpersonen.

§. 317.

Wer ein Kind unter vierzehn Jahren wider dessen Willen
aus der Obhut seiner Eltern, seines Curators oder Desjenigen,
der die Aufsicht über dasselbe führt, unter Anwendung von
Gewalt, Drohung oder List entführt, oder in seiner Gewalt
zurückbehält, begeht das Verbrechen des Kindesraubes und ist
mit Zuchthaus bis zu fünf Jahren zu bestrafen.

§. 318.

Mit Zuchthaus von fünf bis zu zehn Jahren ist der Kin=
desraub zu bestrafen, wenn derselbe zu dem Zwecke begangen
wird, um das geraubte Kind zum Betteln, oder zu einem
anderen gewinnsüchtigen oder unsittlichen Zwecke zu verwenden.

§. 319.

Wenn jedoch dem geraubten oder eingesperrten Kinde eine
schwere körperliche Verletzung zugefügt oder an demselben eine
Nothzucht oder Schändung begangen wurde, so ist auf Zucht=
haus von zehn bis zu fünfzehn Jahren zu erkennen.

§. 320.

Wer ein Mädchen unter vierzehn Jahren mit dessen Ein=
willigung aus der Aufsicht der Eltern, des Curators oder Des=
jenigen, dem die Obhut über dasselbe zusteht, entführt oder in
seiner Gewalt zurückbehält, ist mit Gefängniß bis zu fünf
Jahren zu bestrafen.

Wenn jedoch ein in den §§. 318 oder 319 bezeichneter Thatumstand vorliegt, so ist die daselbst festgesetzte Strafe anzuwenden.

§. 321.

Wer eine Frauensperson in einer unzüchtigen oder auf Heirath gerichteten Absicht wider ihren Willen durch Gewalt, Drohung oder List in seine Gewalt bringt, entführt oder in seiner Gewalt zurückbehält, ist mit Zuchthaus bis zu fünf Jahren zu bestrafen.

§. 322.

In den Fällen der §§. 317—321 dieses Hauptstückes ist das Strafverfahren, insofern nicht einer der im §. 239 angeführten Fälle oder eine schwere körperliche Verletzung vorliegt, nur auf Antrag der verletzten Partei einzuleiten. Der Antrag kann nicht zurückgezogen werden.

§. 323.

Wer Jemanden widerrechtlich gefangen nimmt, gefangen nehmen läßt, in seiner Gewalt behält oder seiner persönlichen Freiheit auf eine andere Art beraubt; desgleichen wer Jemanden in den gesetzlich gestatteten Fällen gefangen hält, allein diesen Umstand nicht sogleich, als es möglich war, der Behörde anzeigt, begeht das Vergehen der Verletzung der persönlichen Freiheit und ist mit Gefängniß bis zu drei Monaten zu bestrafen.

Wenn die Gefangenhaltung länger als sieben Tage, aber nicht länger als fünfzehn Tage gedauert hat, so ist sie mit Gefängniß bis zu einem Jahre, — wenn sie jedoch länger als fünfzehn Tage, aber nicht länger als einen Monat gedauert hat, so ist sie mit Gefängniß bis zu zwei Jahren, — wenn sie länger als einen Monat, aber nicht drei Monate lang gedauert hat, so ist sie mit Kerker bis zu drei Jahren, — wenn sie aber länger als drei Monate gedauert hat, so ist sie mit Zuchthaus bis zu fünf Jahren zu bestrafen.

Wenn gegen die gefangene Person eine andere Gewaltthätigkeit oder eine Mißhandlung verübt wurde, so können die in diesem Paragraphen festgesetzten Strafen, — insofern nicht ein schwerer zu bestrafendes Verbrechen vorliegt, — um je ein Jahr erhöht werden.

§. 324.

Mit Zuchthaus von zehn bis zu fünfzehn Jahren iſt die Verletzung der perſönlichen Freiheit zu beſtrafen :

1) wenn durch die Gefangenhaltung oder Mißhandlung eine in den §§. 303 und 304 angeführte körperliche Verletzung verurſacht wurde;

2) wenn der Gefangene in den Kriegsdienſt einer aus= wärtigen Macht oder in die Sklaverei gebracht wurde.

§. 325.

Mit Zuchthaus von zehn bis zu fünfzehn Jahren iſt die Verletzung der perſönlichen Freiheit zu beſtrafen, wenn der Gefangene in Folge der Gefangenhaltung oder der während derſelben erlittenen Mißhandlungen geſtorben iſt, und die Handlung keinen Mord bildet.

§. 326.

Neben der in dieſem Hauptſtücke feſtgeſetzten Strafe iſt auch auf Amtsverluſt und in den nach §. 323 mit Zuchthaus zu beſtrafenden, ſowie in den Fällen der §§. 324 und 325 auch auf Entziehung der politiſchen Rechte zu erkennen.

XXIII. Hauptſtück.

Verletzung des Brief= und Depeſchengeheimniſſes durch Privat= perſonen.

§. 327.

Wer Briefe, verſiegelte Schriften oder telegraphiſche Depeſchen, welche an eine andere Perſon gerichtet ſind, wiſſent= lich unbefugter Weiſe eröffnet, desgleichen wer ſich in den Be= ſitz von Briefen oder telegraphiſchen Depeſchen, — welche, wenn auch nicht verſiegelt, aber an einen Anderen gerichtet ſind, — zu dem Behufe ſetzt, um deren Inhalt zu erfahren oder dieſelben zu ähnlichem Zwecke unbefugter Weiſe einem Dritten übergibt, macht ſich eines Vergehens ſchuldig und iſt mit Gefängniß bis zu acht Tagen und an Geld bis zu hundert Gulden zu beſtrafen.

Wer aber ein zu ſeiner Kenntniß auf die obige Art ge= langtes Geheimniß veröffentlicht oder daſſelbe zum Nachtheile

des Absenders oder Abressaten des Briefes, Schriftstückes oder
der Depesche ausnützt, ist mit Gefängniß bis zu drei Monaten
und an Geld bis zu tausend Gulden zu bestrafen.

Das Strafverfahren kann nur auf Antrag der verletzten
Partei eingeleitet werden.

XXIV. Hauptstück.
Verbotene Offenbarung fremder Geheimnisse.

§. 328.

Diejenigen öffentlichen Beamten, Advocaten, Aerzte, Wund=
ärzte, Apotheker und Hebammen, welche ein ihnen in Folge
ihres Amtes, ihrer Stellung oder Beschäftigung bekannt gewor=
denes oder anvertrautes, den guten Ruf einer Familie oder
Person gefährdendes Geheimniß ohne gegründete Ursache einem
Dritten offenbaren, machen sich eines Vergehens schuldig und
sind auf Antrag der verletzten Partei mit Gefängniß bis zu
drei Monaten und an Geld bis zu tausend Gulden zu be=
strafen.

Diese Anordnung erstreckt sich auch auf die Gehilfen der
oben angeführten Personen.

§. 329.

Der Bestimmung des vorhergehenden Paragraphen unter=
liegt der Fall nicht, wenn die erwähnten Personen ein zu ihrer
Kenntniß gelangtes oder ihnen anvertrautes Geheimniß pflicht=
gemäß der Behörde anzeigen oder wenn sie darüber befragt
oder als Zeugen vernommen, dasselbe der Behörde offenbaren.

XXV. Hauptstück.
Störung des Hausfriedens durch Privatpersonen.

§. 330.

Wer in die Wohnung oder das Geschäftslocal eines
Anderen, in die damit zusammenhängenden oder dazu gehörigen
Localitäten, oder in einen eingefriedeten Raum ohne Einwilli=
gung des dort Wohnenden oder über die Wohnung verfügenden,
und unbefugter Weise durch List, Gewalt, Drohung oder unter

Benützung falscher Schlüssel einbringt, begeht, — insofern nicht eine schwerer zu bestrafende Handlung vorliegt, — das Verbrechen der Störung des Hausfriedens und ist mit Kerker bis zu zwei Jahren zu bestrafen.

§. 331.

Mit Kerker bis zu drei Jahren ist die Störung des Hausfriedens zu bestrafen:

1) wenn der Thäter sich fälschlich für einen öffentlichen Beamten ausgibt oder einen behördlichen Auftrag vorschützt;

2) wenn die Störung des Nachts oder gleichzeitig durch mehrere Personen oder

3) bewaffnet verübt worden ist.

§. 332.

Wer in die Wohnung oder in das Geschäftslocal eines Anderen oder in die damit zusammenhängenden oder dazu gehörigen Räume ohne berechtigten Anlaß, durch List — oder gegen den Willen des daselbst Wohnenden oder über die Wohnung Verfügenden eintritt, oder daselbst sich wider dessen Willen aufhält, ist mit Gefängniß bis zu drei Monaten und an Geld bis zu hundert Gulden zu bestrafen.

Das Strafverfahren ist nur auf Antrag der verletzten Partei einzuleiten.

XXVI. Hauptstück.
Diebstahl.

§. 333.

Wer eine fremde, bewegliche Sache aus dem Besitze oder dem Gewahrsam eines Anderen ohne dessen Einwilligung in der Absicht wegnimmt, um sich dieselbe widerrechtlich zuzueignen, begeht einen Diebstahl.

§. 334.

Wenn der Werth der gestohlenen Sache fünfzig Gulden nicht übersteigt, so ist der Diebstahl ein Vergehen, im entgegengesetzten Falle hingegen ein Verbrechen.

Als Werth der gestohlenen Sache ist jener Werth anzunehmen, welchen dieselbe zur Zeit des Diebstahls besessen hat.

§. 335.

Bei der Entscheidung darüber, ob der Diebstahl ein Ver=
brechen oder ein Vergehen bildet, ist jedoch der Werth aller
derjenigen Sachen zusammen in Betracht zu ziehen, welche der
betreffende Thäter, wenn auch bei verschiedenen Diebstählen
oder Diebstahlsversuchen gestohlen oder zu stehlen versucht
hat, oder an deren Entwendung er theilgenommen hat.

§. 336.

Ohne Rücksicht auf den Werth der gestohlenen Sache
bildet der Diebstahl ein Verbrechen :

1) wenn aus einem solchen Orte, welcher zum Gottes=
dienste einer durch den Staat anerkannten Religion bestimmt
ist, ein zum Gottesdienste gehöriger oder einem frommen oder
wohlthätigen Zwecke gewidmeter Gegenstand gestohlen wird;

2) wenn aus einem Friedhofe ein zum Andenken an
Verstorbene bestimmter oder an einem Leichnam befindlicher
Gegenstand gestohlen wird;

3) wenn der Diebstahl in einem Gebäude, eingefriedeten
Raume oder auf einem Schiffe, wohin der Dieb mittelst Ein=
bruches oder Einsteigens gelangt ist, begangen wurde, oder
wenn zum Zwecke des Diebstahls ein Schloß oder eine Sicher=
heitsvorrichtung erbrochen wird;

4) wenn zum Aufschließen ein falscher oder gestohlener
Schlüssel verwendet wurde;

5) wenn der Diebstahl auf dem Schauplatze einer Schlacht,
eines Brandes, einer Ueberschwemmung oder einer sonstigen
allgemeinen Gefahr oder in der Nähe dieses Ortes begangen
wird;

6) wenn bei dem Diebstahle zwei oder mehrere Mitglieder
einer Räuber= oder Diebsbande mitgewirkt haben;

7) wenn ein Dienstbote den Diebstahl an Demjenigen, in
dessen Diensten er steht oder an dessen Hausgenossen verübt;

8) wenn der Diebstahl an einer solchen Person begangen
wird, welche mit dem Diebe in häuslicher Gemeinschaft oder
in gemeinschaftlichem Haushalte lebt;

9) wenn ein öffentlicher Beamter seine ämtliche Stellung
ausnützend, einen Diebstahl begeht;

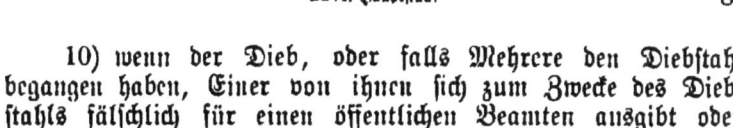

10) wenn der Dieb, oder falls Mehrere den Diebstahl begangen haben, Einer von ihnen sich zum Zwecke des Dieb=stahls fälschlich für einen öffentlichen Beamten ausgibt oder einen behördlichen Auftrag vorschützt.

§. 337.

Ohne Rücksicht auf den Werth der gestohlenen Sache ist der Diebstahl als ein Verbrechen zu bestrafen, wenn der Dieb bei Verübung des Diebstahls eine Waffe bei sich getragen hat, u. zw. auch wenn er dieselbe weder gebraucht, noch vorgezeigt hat.

Dieselbe Strafe trifft auch jene Thäter und Theilnehmer, welchen dieser Umstand vor Beginn der That bekannt war.

§. 338.

Ohne Rücksicht auf den Werth der gestohlenen Sache bil=det der Diebstahl ein Verbrechen, wenn derselbe durch ein sol=ches Individuum begangen wurde, welches wegen des Ver=brechens oder Vergehens des Raubes, der Erpressung, des Dieb=stahls, der Unterschlagung oder der Hehlerei bereits zweimal bestraft worden ist.

Diese Bestimmung findet aber keine Anwendung, wenn seit Verbüßung der dem letzten Diebstahle vorhergehenden Strafe bereits zehn Jahre verstrichen sind.

§. 339.

Das Vergehen des Diebstahls wird mit Gefängniß bis zu einem Jahre bestraft.

Der Versuch ist strafbar.

§. 340.

Das Verbrechen des Diebstahls ist mit Kerker bis zu fünf Jahren, in den Fällen des §. 336 Abs. 3), 4), 5) und 6) hingegen, sowie im Falle des §. 338 mit Zuchthaus bis zu fünf Jahren zu bestrafen.

§. 341.

Wegen Diebstahls ist neben der Freiheitsstrafe auch auf Amtsverlust und Entziehung der politischen Rechte zu er=kennen.

§. 342.

Wenn der Diebstahl zwischen Ehegatten, Verwandten auf- und absteigender Linie, Geschwistern oder in gemeinschaftlichem Haushalte lebenden Verwandten begangen wird, desgleichen wenn er durch ein Mündel an dem Vormunde, durch einen Pflege= befohlenen an dem Curator, oder durch einen Zögling an dem Erzieher verübt wird, so kann das Strafverfahren nur über Antrag des Bestohlenen eingeleitet werden.

§. 343.

Wer an Demjenigen, in dessen Diensten oder Bezahlung er steht, oder in dessen Haushalte er lebt, oder an den mit dem letzteren in gemeinschaftlichem Haushalte lebenden Angehörigen (§. 78) einen Diebstahl begeht, kann nur über Antrag des Dienstgebers, Familienhauptes oder des Bestohlenen in straf= rechtliche Untersuchung gezogen werden.

XXVII. Hauptstück.
Raub und Erpressung.

§. 344.

Wer eine fremde bewegliche Sache dem Besitzer oder In= haber unter Anwendung von Gewalt oder Drohung (§. 347) gegen ihn oder eine andere anwesende Person in der Absicht wegnimmt, um sich dieselbe widerrechtlich anzueignen, begeht das Verbrechen des Raubes.

§. 345.

Als Raub ist anzusehen, wenn der auf frischer That er= tappte Dieb, um den Diebstahl zu vollführen oder sich im Besitze der gestohlenen Sache zu erhalten, Gewalt oder Drohun= gen anwendet.

§. 346.

Als Raub wird der Diebstahl angesehen, wenn der Dieb zum Zwecke der Vollführung des Diebstahls eine Person in den Zustand der Bewußtlosigkeit oder Wehrlosigkeit versetzt.

§. 347.

Unter Drohung wird in den Fällen der §§. 344 und 345 die Androhung der unmittelbaren Begehung einer solchen Hand=

lung verſtanden, durch welche das Leben, die Geſundheit oder
das Vermögen des Bedrohten oder ſeiner Angehörigen oder
eines Anweſenden, einer großen Gefahr ausgeſetzt wird.

§. 348.

Der Raub iſt mit Zuchthaus von fünf bis zu zehn Jahren,
im Falle des §. 346 dagegen mit Zuchthaus bis zu fünf
Jahren zu beſtrafen.

§. 349.

Mit Zuchthaus von zehn bis zu fünfzehn Jahren wird
der Raub beſtraft :

1) wenn der Thäter wegen Raubes oder Erpreſſung bereits
beſtraft worden iſt und ſeit Verbüßung ſeiner letzten Strafe
zehn Jahre noch nicht verſtrichen ſind;

2) wenn bei dem Raube der Verſuch eines vorſätzlichen
Todtſchlages oder eine ſchwere körperliche Verletzung begangen
wurde.

Wenn jedoch auch ein vorſätzlicher Todtſchlag begangen
wurde, ſo iſt auf lebenslängliches Zuchthaus zu erkennen.

§. 350.

Wer in der Abſicht, um ſich oder einem Anderen wider=
rechtlich einen Vermögensvortheil zuzuwenden, Jemanden durch
Gewalt oder Drohung zu einer Handlung, Duldung oder Unter=
laſſung zwingt, begeht, inſofern ſeine Handlung nicht ſchwerer
zu beſtrafen iſt, das Vergehen der Erpreſſung und iſt mit
Gefängniß bis zu drei Jahren zu beſtrafen.

§. 351.

Das Vergehen der Erpreſſung begeht und iſt nach §. 350
zu beſtrafen, wer in der Abſicht, um ſich oder einem Anderen
widerrechtlich einen Vermögensvortheil zuzuwenden, Jemandem
droht, eine verleumderiſche oder ehrenrührige Behauptung im
Wege der Preſſe zu veröffentlichen.

§. 352.

Der Verſuch des Vergehens der Erpreſſung iſt ſtrafbar.

§. 353.

Die Erpreſſung bildet ein Verbrechen, und iſt mit Zucht=
haus bis zu fünf Jahren zu beſtrafen :

1) wenn mit Mord, schwerer körperlicher Verletzung, Brand=
stiftung oder mit der Zufügung eines anderen schweren Ver=
mögensnachtheiles gedroht wird;

2) wenn der Betreffende sich fälschlich für einen öffentlichen
Beamten ausgibt oder den ämtlichen Auftrag einer Behörde
vorschützt.

§. 354.

Wegen des Verbrechens des Raubes und der Erpressung,
sowie wegen des im §. 351 bezeichneten Vergehens der Erpres=
sung ist neben der Freiheitsstrafe auch auf Amtsverlust und
Entziehung der politischen Rechte zu erkennen.

XXVIII. Hauptstück.

Unterschlagung, Verletzung der gerichtlichen Sperre und Ver= untreuung.

§. 355.

Eine Unterschlagung begeht, wer eine in seinem Besitze
oder in seinem Gewahrsam befindliche, fremde, bewegliche Sache
sich widerrechtlich aneignet oder verpfändet.

Die Aneignung ist vollbracht, sobald der Besitzer oder
Inhaber die Sache veräußert, verbraucht, dem zur Rückfor=
derung Berechtigten ableugnet, oder über sie auf eine andere
Art so wie über sein Eigenthum verfügt.

§. 356.

Die Unterschlagung bildet ein Vergehen, wenn der Werth
des unterschlagenen Vermögens hundert Gulden nicht übersteigt,
im entgegengesetzten Falle ist sie ein Verbrechen.

§. 357.

Die Unterschlagung bildet auch im Falle des §. 338 ein
Verbrechen, jedoch mit der daselbst festgesetzten Beschränkung.

§. 358.

Das Vergehen der Unterschlagung ist mit Gefängniß bis
zu einem Jahre, das Vetbrechen der Unterschlagung dagegen
mit Kerker bis zu fünf Jahren zu bestrafen.

Neben der Freiheitsstrafe ist gleichzeitig auch auf Amts=
verlust und Entziehung der politischen Rechte zu erkennen.

Die Bestimmungen der §§. 342 und 343 sind auch bei der Unterschlagung anzuwenden.

§. 359.

Als Unterschlagung wird angesehen und ist nach der im §. 358 enthaltenen Unterscheidung mit Gefängniß bis zu einem Jahre, beziehungsweise mit Kerker bis zu fünf Jahren zu bestrafen, wenn der Eigenthümer einer durch das Gericht oder eine andere Behörde unter Sperre gelegten Sache, in Bezug auf diese bei ihm belassene oder ihm anvertraute Sache eine der im §. 355 bezeichneten Handlungen begeht.

Neben der Freiheitsstrafe ist auch auf Amtsverlust zu erkennen.

§. 360.

Wer das bei Vornahme der Sperre durch ein gerichtliches oder ein anderes behördliches Organ angelegte Siegel unbefugt entfernt, erbricht oder verletzt, oder aber das zur Verwahrung der in Sperre genommenen Sachen dienende Local oder Behältniß unbefugt öffnet, ist, insofern nicht der Fall des §. 359 vorliegt, wegen Verletzung der Sperre mit Gefängniß bis zu sechs Monaten und an Geld bis zu fünfhundert Gulden zu bestrafen.

§. 361.

Wer mit der Verwaltung, Curatel oder Aufsicht über ein fremdes Vermögen betraut ist und in dieser Eigenschaft Demjenigen, dessen Interessen er zu fördern verpflichtet ist, mit Wissen und Willen einen Vermögensnachtheil zufügt, begeht das Vergehen der Veruntreuung und ist mit Gefängniß bis zu drei Jahren zu bestrafen.

Das Strafverfahren kann nur auf Antrag der verletzten Partei eingeleitet werden.

§. 362.

Wenn aber das Vergehen der Veruntreuung durch einen Vormund, Curator, Sequester, Massa- oder Stiftungscurator, Testamentsvollstrecker, ein Mitglied der Direction oder des Aufsichtsrathes einer Actiengesellschaft oder Genossenschaft, oder überhaupt durch eine solche Person, welche behördlich mit der Verwaltung fremden Vermögens betraut oder dazu behördlich ermächtigt ist, in Bezug auf sein Amt oder seine Stellung begangen wird, so ist das Strafverfahren von Amtswegen einzuleiten.

§. 363.

Die Veruntreuung bildet ein Verbrechen und ist mit Ker=ker bis zu fünf Jahren zu bestrafen, wenn sie zu dem Zwecke verübt wird, damit der Thäter dadurch sich oder einem Anderen widerrechtlich einen Vermögensvortheil verschaffe.

§. 364.

Im Falle einer Veruntreuung ist neben der Freiheitsstrafe auch auf Amtsverlust zu erkennen.

XXIX. Hauptstück.
Widerrechtliche Aneignung.

§. 365.

Wer eine fremde Sache findet und dieselbe binnen acht Tagen der Behörde oder Demjenigen, der sie verloren hat, nicht übergibt, begeht das Vergehen der widerrechtlichen Aneignung einer gefundenen Sache und ist mit Gefängniß bis zu drei Monaten, sowie an Geld bis zu fünfhundert Gulden zu bestrafen.

§. 366.

Wer einen Schatz entdeckt und hierüber die Anzeige an die Behörde binnen acht Tagen nicht erstattet, macht sich des Ver=gehens der widerrechtlichen Aneignung des entdeckten Schatzes schuldig und ist an Geld bis zu tausend Gulden zu bestrafen.

Im Falle einer bei der Behörde vorher angemeldeten Nachforschung tritt die Bestrafung nur dann ein, wenn die gefundenen Gegenstände binnen dreißig Tagen nicht angezeigt werden.

Der gefundene Schatz ist in diesen Fällen einzuziehen.

§. 367.

Derjenige macht sich eines Vergehens schuldig und ist mit Gefängniß bis zu sechs Monaten zu bestrafen, welcher eine das Eigenthum eines Anderen bildende bewegliche Sache, welche durch Zufall oder Irrthum in seinen Gewahrsam gelangt ist, sich widerrechtlich aneignet.

§. 368.

Derjenige macht sich eines Vergehens schuldig und ist mit Gefängniß bis zu sechs Monaten, sowie an Geld bis zu tausend Gulden zu bestrafen, welcher seine eigene bewegliche Sache, oder mit Einwilligung oder zu Gunsten des Eigenthümers eine fremde bewegliche Sache dem Nutznießer, Pfandbesitzer oder Demjenigen, welchem in Bezug auf die Sache ein Gebrauchs= oder Retentionsrecht zusteht, widerrechtlich wegnimmt.

§. 369.

Wenn Jemand durch die widerrechtliche Aneignung seinem Ehegatten, einem Verwandten auf= oder absteigender Linie, seinen Geschwistern, einem mit ihm in gemeinschaftlichem Haus= halte lebenden Verwandten, seinem Vormund, Curator oder Erzieher einen Nachtheil zugefügt hat, so ist das Strafverfahren nur auf Antrag des Beschädigten einzuleiten.

XXX. Hauptstück.
Hehlerei und Begünstigung.

§. 370.

Wer eine solche Sache, von der er weiß, daß sie durch das Verbrechen des Diebstahls, der Unterschlagung, des Raubes oder der Erpressung in die Hände ihres Besitzers oder Inhabers gelangt ist, um eines Vermögensvortheils willen erwirbt, ver= birgt oder bei ihrer Veräußerung mitwirkt, begeht das Ver= brechen der Hehlerei und ist mit Kerker bis zu fünf Jahren zu bestrafen.

Wenn die Sache jedoch durch das Vergehen des Diebstahls, der Erpressung, Unterschlagung oder der widerrechtlichen An= eignung in die Hände ihres Besitzers oder Inhabers gelangt ist, so bildet die Hehlerei ein Vergehen und ist mit Gefängniß bis zu zwei Jahren zu bestrafen.

§. 371.

Die Hehlerei bildet ein Verbrechen, wenn sie von einer solchen Person begangen wird, welche wegen Raubes, Erpres= sung, Diebstahls, Unterschlagung oder Hehlerei bereits zweimal bestraft worden ist.

Diese Bestimmung findet jedoch keine Anwendung, wenn seit Verbüßung der letzten Strafe bereits zehn Jahre verstrichen sind.

§. 372.

Wenn das Gesetz den Thäter eines Verbrechens mit einer schwereren Strafe, als mit Zuchthaus in der Dauer von zehn Jahren bedroht und wenn dem Hehler bei Verübung der Hehlerei jener Umstand, welcher die angeführte schwerere Strafe nach sich zieht, bekannt war, oder wenn der Hehler die Hehlerei gewerbmäßig betreibt, so ist er mit Zuchthaus bis zu fünf Jahren zu bestrafen.

§. 373.

Wegen Hehlerei ist neben der Freiheitsstrafe auch auf Amtsverlust und Entziehung der politischen Rechte zu erkennen.

§. 374.

Wer dem Thäter oder Theilnehmer an einem Verbrechen oder Vergehen hilfreiche Hand leistet, um der behördlichen Verfolgung zu entgehen, den Erfolg des Strafverfahrens zu vereiteln oder straflos zu bleiben, macht sich, — wenn er sich mit ihm diesbezüglich nicht schon vor der Verübung des Verbrechens oder Vergehens verabredet hat, — der Begünstigung schuldig und ist mit Gefängniß bis zu einem Jahre zu bestrafen.

§. 375.

Der Begünstigung macht sich auch Derjenige schuldig und unterliegt der im vorigen Paragraphen festgesetzten Strafe, welcher, — ohne sich vor der Begehung des Verbrechens oder Vergehens mit dem Thäter oder Theilnehmer darüber zu verabreden, — bei der Sicherstellung des aus dem Verbrechen oder Vergehen stammenden Vortheils mitwirkt.

§. 376.

Wer die Begünstigung in der Absicht begeht, um sich selbst oder einem Anderen einen Vermögensvortheil zu verschaffen, ist mit Gefängniß bis zu zwei Jahren zu bestrafen.

§. 377.

Wegen Begünstigung ist neben der Hauptstrafe auch auf Amtsverlust zu erkennen, wenn dieselbe in Bezug auf ein solches Verbrechen oder Vergehen begangen wird, wegen dessen nach dem Gesetze der Amtsverlust einzutreten hat.

§. 378.

Die Anordnungen der §§. 374 und 375 sind nicht anzu= wenden, wenn der Begünstigende eine daselbst bezeichnete Handlung im Interesse eines seiner Angehörigen (§. 78) ver= übt hat.

XXXI. Hauptstück.

Betrug.

§. 379.

Wer in der Absicht, sich oder einem Anderen einen wider= rechtlichen Vermögensvortheil zuzuwenden, Jemanden durch arg= listige Vorspiegelungen in Irrthum führt oder in einem Irr= thum bestärkt und ihn dadurch an seinem Vermögen schädigt, begeht einen Betrug.

§. 380.

Wenn der durch den Betrug zugefügte Schaden fünfzig Gulden nicht übersteigt, so bildet die Handlung ein Vergehen, im entgegengesetzten Falle aber ein Verbrechen.

§. 381.

Ohne Rücksicht auf die Höhe des zugefügten Schadens bildet der Betrug ein Verbrechen :

1) wenn der Betrüger zum Zwecke der Verübung des Betruges sich fälschlich für einen öffentlichen Beamten ausge= geben oder einen behördlichen Auftrag vorgeschützt hat;

2) wenn der Betrug durch einen öffentlichen Beamten, einen Advocaten, Bevollmächtigten, Geschäftsführer oder Privat= beamten in seinem Amte oder seiner Stellung begangen worden ist;

3) wenn der Betrüger bereits zweimal wegen Betruges bestraft worden ist und seit Verbüßung der letzten Strafe bis zur Verübung des Betruges noch nicht zehn Jahre ver= strichen sind.

§. 382.

Ohne Rückſicht auf die Höhe des zugefügten Schadens bildet der Betrug ein Verbrechen, wenn Jemand denſelben durch Vernichtung oder Zerſtörung eines ihm eigenthümlich gehörigen verſicherten Werthgegenſtandes begeht.

§. 383.

Das Vergehen des Betruges iſt mit Gefängniß bis zu einem Jahre und an Geld bis zu fünfhundert Gulden, das Verbrechen des Betruges hingegen mit Kerker bis zu fünf Jahren und an Geld bis zu zweitauſend Gulden zu beſtrafen. Wenn aber die Höhe des zugefügten Schadens zweitauſend Gulden überſteigt, desgleichen in den Fällen des §. 381 Abſ. 3) und des §. 382 iſt der Betrug mit Zuchthaus bis zu fünf Jahren zu beſtrafen.

§. 384.

Als Betrug iſt anzuſehen und mit Gefängniß bis zu einem Jahre zu beſtrafen, wenn Jemand, obgleich ohne betrügeriſche Abſicht, einen Anderen durch argliſtige Vorſpiegelungen in Irrthum führt oder in einem Irrthume beſtärkt, um von ihm die Gewährung oder Verlängerung eines Credites zu erlangen.

§. 385.

Derjenige begeht einen Betrug und iſt nach den in dieſem Hauptſtücke feſtgeſetzten Unterſcheidungen zu beſtrafen, wer in der Abſicht, um ſich oder Anderen einen Gewinn zuzuwenden, die Unerfahrenheit, den Leichtſinn oder die Nothlage eines Minderjährigen oder unter Curatel Stehenden dazu mißbraucht, um ihn zur Unterfertigung einer Urkunde zu bewegen, in welcher derſelbe zu ſeinem empfindlichen Nachtheile vermögens= rechtliche Verpflichtungen übernimmt, über ein Recht verfügt oder einen Andern von einer vermögensrechtlichen Verpflichtung ganz oder theilweiſe enthebt.

§. 386.

Wer in der Abſicht, um ſeine Gläubiger zu benachtheiligen, vor der ihm bevorſtehenden behördlichen Execution zu ſeinem Vermögen gehörige Werthgegenſtände verbirgt, verheimlicht,

veräußert, zerſtört, Schulden oder Rechtsgeſchäfte erdichtet, iſt
mit Rückſicht auf die Höhe des zugefügten Schadens nach §. 383
zu beſtrafen.

§. 387.

Derjenige zahlungsunfähige Schuldner, welcher in der Ab=
ſicht, um ſeine Gläubiger zu benachtheiligen, eine der im §. 414
erwähnten Handlungen begeht, iſt, — wenn auch der Concurs
gegen ihn deshalb nicht verhängt wurde, weil nur ein einziger
Gläubiger vorhanden iſt oder weil ſein Vermögen zur Deckung
der Koſten des Concurſes nicht hinreicht, — mit Rückſicht auf
die Höhe des zugefügten Schadens nach §. 383 zu beſtrafen.

§. 388.

Wegen Betruges iſt neben der Freiheitsſtrafe auch auf
Amtsverluſt und Entziehung der politiſchen Rechte zu erkennen.

§. 389.

Wegen eines zwiſchen den im §. 342 angeführten Per=
ſonen begangenen Betruges, kann das Strafverfahren nur
über Antrag der beſchädigten Partei eingeleitet werden.

§. 390.

Mit Ausnahme der in den §§. 381 und 382 angeführten
Fälle, iſt das Strafverfahren wegen Betruges über Antrag
der beſchädigten Partei, im Falle des §. 384 dagegen über
Antrag des Gläubigers einzuleiten.

XXXII. Hauptſtück.

Urkundenfälſchung.

§. 391.

Wer eine falſche öffentliche Urkunde verfertigt oder eine
echte öffentliche Urkunde durch Aenderung ihres Inhaltes ver=
fälſcht, begeht, — wenn hieraus für Jemanden eine Rechts=
verletzung erwächſt oder erwachſen kann, und ohne Unterſchied,
ob es ſich um eine in= oder ausländiſche Urkunde handelt, —
das Verbrechen der Fälſchung einer öffentlichen Urkunde und
iſt mit Kerker bis zu fünf Jahren zu beſtrafen.

§. 392.

Wer die im vorhergehenden Paragraphen bezeichnete Hand=
lung in der Absicht begeht, um dadurch sich oder einem Anderen
widerrechtlich einen Vermögensvortheil zuzuwenden oder einen
Anderen an seinem Vermögen zu schädigen, ist mit Zuchthaus
bis zu fünf Jahren zu bestrafen.

§. 393.

Derjenige öffentliche Beamte oder Wechselnotar, welcher
in seinem ämtlichen Wirkungkreise eine falsche öffentliche Ur=
kunde ausstellt oder eine echte öffentliche Urkunde verfälscht, ist,
— wenn hieraus für einen Anderen eine Rechtsverletzung er=
wächst oder erwachsen kann, mit Zuchthaus von fünf bis zu
zehn Jahren zu bestrafen.

§. 394.

Als Fälschung einer öffentlichen Urkunde ist anzusehen
und im Sinne des §. 393 zu bestrafen, wenn ein öffentlicher
Beamter oder Wechselnotar in die Protokolle oder sonstigen
öffentlichen Amtsbücher, welche derselbe in seiner ämtlichen
Eigenschaft führt, oder in eine durch ihn in seiner ämtlichen
Eigenschaft aufgenommene Urkunde einen wesentlichen Umstand
fälschlich einträgt, oder wenn derselbe einen falschen Auszug in
beglaubigter Form ausfertigt oder eine wesentliche Eintragung
in einem ämtlichen Protokolle oder einem anderen ämtlichen
Buche fälscht.

§. 395.

Derjenige öffentliche Beamte, der von einer Urkunde eine
falsche Abschrift in beglaubigter Form ausfertigt, oder eine
solche Ausfertigung als beglaubigte Abschrift beurkundet, deren
angebliches Original nicht vorhanden ist, macht sich der Fälschung
einer öffentlichen Urkunde schuldig und ist mit Kerker bis zu
drei Jahren zu bestrafen.

§. 396.

Die Verfügungen des §. 395 erstrecken sich auch auf falsche
Uebersetzungen, welche in beglaubigter Form ausgefertigt
worden sind.

§. 397.

Die Matrikenbücher und die aus denselben in beglaubigter Form ausgefertigten Auszüge und Zeugnisse sind öffentliche Urkunden, und jene Personen, welche mit der Führung der Matriken betraut, sowie zur Ausfertigung von beglaubigten Auszügen, Zeugnissen oder Urkunden aus denselben berechtigt sind, werden in Bezug auf ihre diesfälligen Handlungen als öffentliche Beamte angesehen.

Diese Bestimmung erstreckt sich auch auf die Mitglieder, Schriftführer und das Registraturs=Personale der in Ehe=streitigkeiten entscheidenden geistlichen Gerichte, ferner auch auf jene Personen, welche mit der Leitung und Beaufsichtigung der Archive in den als öffentlich beglaubigte Orte geltenden Capiteln und Conventen, sowie mit der Ausfertigung von be=glaubigten Urkunden aus diesen Archiven betraut sind.

§. 398.

Derjenige öffentliche Beamte, Wechselnotar oder beeidete Uebersetzer, welcher ein ihm zur Führung oder Verwahrung anvertrautes öffentliches Buch, Protokoll oder eine derartige Originalurkunde in der Absicht, einem Anderen den wesentlichen Beweis eines Rechtes zu vereiteln oder zu erschweren, vernichtet, ganz oder theilweise unbrauchbar macht, verbirgt oder der Gegenpartei ausliefert, — wird als Fälscher einer öffentlichen Urkunde betrachtet und ist mit Zuchthaus von fünf bis zu zehn Jahren zu bestrafen.

Derjenige öffentliche Beamte, Wechselnotar oder beeidete Uebersetzer, welcher eine der im vorhergehenden Absatze dieses Paragraphen bezeichneten Handlungen in Bezug auf eine ihm zur Verwahrung anvertraute beglaubigte Abschrift begeht, ist mit Kerker bis zu drei Jahren zu bestrafen.

§. 399.

Wegen Fälschung einer öffentlichen Urkunde ist neben den in den vorhergehenden Paragraphen bestimmten Strafen auch auf Amtsverlust und Entziehung der politischen Rechte zu erkennen.

Hinsichtlich der im §. 397 bezeichneten Personen ist statt des Amtsverlustes im Urtheile auszusprechen, daß sie zur Rechtssprechung oder Protokollführung in Ehesachen, ferner zur Ausstellung, Führung oder Verwahrung öffentlicher Urkunden unfähig sind.

§. 400.

Wer vorsätzlich daran mitwirkt, daß solche unwahre Thatsachen, Umstände oder Erklärungen, welche für die Rechte oder Rechtsverhältnisse einer Person von Bedeutung sind, in ein öffentliches Buch oder in eine andere öffentliche Urkunde eingetragen werden, ist mit Gefängniß bis zu einem Jahre zu bestrafen.

Wer aber die in diesem Paragraphen erwähnte Handlung in der Absicht begeht, um dadurch sich oder einem Anderen einen widerrechtlichen Vortheil zuzuwenden, ist mit Kerker bis zu fünf Jahren zu bestrafen.

§. 401.

Wer eine falsche Privaturkunde anfertigt oder anfertigen läßt, eine Privaturkunde theilweise oder ganz fälscht oder fälschen läßt, und eine solche Urkunde dazu benützt, um das Bestehen, Erlöschen oder die Aenderung einer Forderung oder eines Rechtes zu beweisen, begeht die Fälschung einer Privaturkunde.

§. 402.

Als das Vergehen der Fälschung einer Privaturkunde ist anzusehen und mit Gefängniß bis zu einem Jahre und an Geld bis zu fünfhundert Gulden zu bestrafen, wenn sich die Urkunde auf den Beweis des Bestehens, Erlöschens oder der Aenderung einer Forderung oder eines Rechtes im Werthe von nicht mehr als fünfzig Gulden bezieht.

Wenn jedoch der Werth der Verbindlichkeit, auf welche sich die falsche oder gefälschte Urkunde bezieht, fünfzig Gulden übersteigt, so bildet die Fälschung ein Verbrechen und ist mit Kerker bis zu drei Jahren und an Geld bis zu zweitausend Gulden zu bestrafen.

§. 403.

Die Fälschung einer Privaturkunde ist mit Zuchthaus bis zu fünf Jahren zu bestrafen :

1) wenn die Fälschung durch Ausstellung eines falschen Wechsels oder durch Fälschung eines echten Wechsels verübt wird;

2) wenn ein solches kaufmännisches oder Handelsbuch gefälscht wird, welchem im Sinne des Gesetzes unbedingte oder bedingte Beweiskraft zukommt;

3) wenn kaufmännische Anweisungen, Sparcassabücheln, Lager=, Frachtaufgabs=, oder Ladescheine oder sonstige im öffentlichen Verkehre befindliche Werthpapiere, welche dem Papiergelde nicht gleichzuachten sind (§§. 210 und 211), gefälscht werden;

4) wenn der Werth des Rechtes oder der Forderung, worauf sich die Fälschung bezieht, zweitausend Gulden übersteigt.

§. 404.

Der Urkundenfälschung macht sich schuldig und ist nach den in diesem Hauptstücke angeführten Unterscheidungen zu bestrafen, wer ein mit der Namensunterschrift eines Anderen versehenes, unausgefülltes Papier ohne Einwilligung des Unterfertigers oder wissentlich, der getroffenen Vereinbarung entgegen ausfüllt und dazu benützt, um dadurch gegen den Unterfertiger das Bestehen, Erlöschen oder die Aenderung einer Forderung oder eines Rechtes zu beweisen.

§. 405.

Die Bestimmung des vorhergehenden Paragraphen ist auch auf Denjenigen anzuwenden, welcher eine durch einen Anderen ausgefertigte, öffentliche oder Privaturkunde, von der er weiß, daß sie falsch oder gefälscht ist, benützt.

§. 406.

Des Vergehens der Urkundenfälschung macht sich schuldig und ist mit Gefängniß bis zu zwei Jahren und an Geld bis zu fünfhundert Gulden zu bestrafen, wer eine ihm überhaupt nicht oder nicht ausschließlich gehörige Urkunde in der Absicht, um einem Anderen einen Schaden zuzufügen, widerrechtlich vernichtet, beschädigt oder verbirgt.

§. 407.

Das Vergehen der Grenzverrückung begeht und ist mit Gefängniß bis zu drei Jahren zu bestrafen, wer einen Grenz= stein oder sonstige, zur Bezeichnung einer Grenze dienende Ur= kunden oder Gegenstände in der Absicht, einen Schaden zuzufügen, vernichtet, wegnimmt oder verrückt.

XXXIII. Hauptstück.

Ausstellung und Benützung falscher ärztlicher und Gemeindezeugnisse.

§. 408.

Derjenige Arzt, welcher über den Gesundheitszustand einer Person ein falsches Zeugniß zu dem Behufe ausstellt, damit dasselbe bei einer Behörde oder Versicherungsanstalt benützt werde, macht sich eines Vergehens schuldig und ist mit Gefängniß bis zu einem Jahre zu bestrafen.

§. 409.

Des Vergehens der Ausstellung eines falschen Zeugnisses macht sich auch schuldig und ist auf die im vorigen Para= graphen bestimmte Art zu bestrafen, wer ohne Arzt zu sein, unter Vorspiegelung dieser Eigenschaft oder unter dem Namen eines anderen Arztes oder unter erdichtetem Namen über den Gesundheitszustand eines Menschen zu dem Behufe ein Zeugniß ausstellt oder ein echtes Zeugniß fälscht, damit dasselbe bei einer Behörde oder Versicherungsgesellschaft benützt werde.

§. 410.

Wer in der Absicht, um eine Behörde oder im Falle einer Versicherung eine Versicherungsgesellschaft über seinen Gesund= heitszustand irre zu führen, wissentlich ein falsches ärztliches Zeugniß benützt, ist mit Gefängniß bis zu einem Jahre und mit Amtsverlust zu bestrafen.

§. 411.

Derjenige Gemeindevorstand, welcher über das sittliche Betragen oder die Vermögensverhältnisse einer Person wissentlich ein falsches Zeugniß ausstellt, macht sich eines Vergehens schuldig und ist mit Gefängniß bis zu sechs Monaten, an Geld bis zu zweihundert Gulden und mit Amtsverlust zu bestrafen.

XXXIV. Hauptstück.
Stempelverfälschung.

§. 412.

Wer eine vom Staate ausgegebene Stempel= oder Post= marke oder andere zur Sicherstellung der Steuern bestimmte Marken, Siegel, — oder wer die zur Nachweisung des Kubikinhal= tes eines Gefäßes oder der Eigenschaft oder des Feingehaltes eines Metalls dienenden Marken des Staates oder einer Behörde nachahmt oder verfälscht; desgleichen, wer solche Stempeln, Marken oder Siegel wissentlich in Verkehr bringt oder dieselben nach Entfernung jener Merkmale, welche ihre Werthlosigkeit darthun, wiederholt gebraucht, ist, — insofern wegen des zu= gefügten oder versuchten Schadens (§. 380) nicht eine schwerer zu bestrafende Handlung begangen wurde, — wegen des Ver= gehens der Stempelverfälschung mit Gefängniß bis zu einem Jahre, an Geld bis zu tausend Gulden und mit dem Verluste des durch ihn bekleideten Amtes oder seiner Stellung zu bestrafen.

§. 413.

Wer bei einer Waare oder deren Verpackung sich unbefugt der Firma oder gewerblichen Marke eines anderen inländischen Fabrikanten, Industriellen, Produzenten oder Kaufmannes zu dem Zwecke bedient, um das Publikum über den Ursprung, die Natur oder die Eigenschaft der betreffenden Waare zu täuschen, begeht das Vergehen der Fälschung gewerblicher Schutzmarken und ist mit Gefängniß bis zu drei Monaten und an Geld bis zu tausend Gulden zu bestrafen.

Dieselbe Strafe trifft auch Denjenigen, welcher das in diesem Paragraphen bezeichnete Vergehen durch den widerrechtlichen Gebrauch der Firma oder der Schutzmarke eines ausländischen Fabrikanten, Industriellen, Produzenten oder Kaufmannes verübt, wenn die Reciprozität seitens jenes Staates, dessen Angehöriger der Beschädigte ist, in einem Staatsvertrage oder einer Convention angenommen ist.

In beiden Fällen ist dieses Vergehen nur auf Antrag der verletzten Partei zu bestrafen.

XXXV. Hauptstück.
Betrügerischer und schuldbarer Bankerott.

§. 414.

Das Verbrechen des betrügerischen Bankerottes begeht ein in Concurs gerathener Schuldner, welcher in der Absicht, seine Gläubiger zu benachtheiligen:

1) zu seinem Vermögen gehörige Werthgegenstände verbirgt, bei Seite schafft, unter ihrem Werthe veräußert, verschenkt, oder eine ihm gehörige Activforderung erläßt, verheimlicht oder eine erdichtete Forderung auszahlt;

2) eine solche Schuld oder Verpflichtung als richtig anerkennt, welche ganz oder theilweise erdichtet ist;

3) einen oder mehrere Gläubiger befriedigt, oder durch Einräumung des Pfand= oder Retentionsrechtes oder durch Ueberlassung eines Theiles seines Vermögens begünstigt;

4) Handelsbücher, zu deren Führung er den Gesetzen gemäß verpflichtet ist, nicht führt oder dieselben vernichtet, verborgen, falsch geführt oder derart geändert hat, daß aus denselben sein Activ= und Passivstand oder der Gang seines Geschäftes nicht ermittelt werden kann.

§. 415.

Das Verbrechen des betrügerischen Bankerottes ist mit Zuchthaus bis zu fünf Jahren und wenn der zugefügte Schaden zweitausend Gulden nicht überschreitet, mit Kerker bis zu drei Jahren zu bestrafen.

Neben der Freiheitsstrafe ist auch auf Amtsverlust und Entziehung der politischen Rechte zu erkennen.

§. 416.

Das Verbrechen des betrügerischen Bankerottes verübt derjenige in Concurs gerathene Schuldner und ist hiefür mit Gefängniß bis zu zwei Jahren, sowie mit Amtsverlust zu bestrafen, welcher :

1) seine Zahlungsunfähigkeit durch Verschwendung, fahrlässige Geschäftsführung, durch Börsenspiel oder solche gewagte Geschäfte herbeigeführt hat, welche zu seinem eigentlichen Geschäftskreise nicht gehören;

2) eine im §. 414 unter 4) bezeichnete Handlung nicht in der Absicht begangen hat, um dadurch seine Gläubiger zu schädigen;

3) insofern er zur Führung von Handelsbüchern verpflichtet war, — die ordnungsmäßige Bilanz über seinen Activ- und Passivstand jährlich nicht gezogen hat;

4) welcher, nachdem er von seiner Zahlungsunfähigkeit bereits Kenntniß hatte oder haben mußte, neue Schulden gemacht oder durch Unterlassung des Einschreiters um die Eröffnung des Concurses Veranlassung dazu gegeben hat, daß ein oder mehrere seiner Gläubiger ein Pfand- oder Retentionsrecht auf sein Vermögen erworben haben.

§. 417.

Wenn über das Vermögen einer Handelsgesellschaft oder eines Vereines der Concurs eröffnet wird, so trifft, falls das im §. 414 bezeichnete Verbrechen oder das im §. 416 erwähnte Vergehen vorliegt, die strafrechtliche Verantwortlichkeit jene mit der Leitung des Geschäftes betrauten Personen, welche die strafbare Handlung begangen haben.

XXXVI. Hauptstück.
Beschädigung fremden Vermögens.

§. 418.

Wer eine fremde, bewegliche Sache vorsätzlich und widerrechtlich beschädigt oder zerstört, verübt ein Vergehen und ist mit Gefängniß bis zu drei Jahren und an Geld von fünfzig bis zu tausend Gulden zu bestrafen.

Der Versuch ist strafbar.

Das Strafverfahren wird nur auf Antrag des verletzten Theiles eingeleitet.

§. 419.

Die Handlung bildet ein Verbrechen und ist mit Kerker von ein bis zu drei Jahren und an Geld von zweihundert bis zu zweitausend Gulden zu bestrafen, wenn sie an dem Vermö= gen von Zeugen, Sachverständigen oder öffentlichen Beamten aus Rache wegen deren Aussagen, Gutachten oder Amtsgebah= rung begangen worden ist.

§. 420.

Im Sinne des §. 418 ist auch Derjenige zu bestrafen, welcher zum Gottesdienste bestimmte Gebäude oder Gegenstände, oder wer ein Grab oder Grabmal, ein öffentliches Denkmal, in einer öffentlichen Bibliothek aufbewahrte Bücher und Hand= schriften, oder einen im Interesse der Wissenschaft, Kunst oder Industrie in einer öffentlichen Sammlung aufbewahrten Gegen= stand, endlich in einem öffentlichen oder ämtlichen Archive aufbewahrte Urkunden, Schriften oder sonstige Gegenstände wider= rechtlich beschädigt, zerstört oder vernichtet.

§. 421.

Wer das einem Anderen gehörige, unbewegliche Vermögen widerrechtlich in Besitz nimmt, oder vorsätzlich und widerrechtlich beschädigt, oder die einem Anderen gehörigen und vom Boden noch nicht abgesonderten Früchte verbraucht, macht sich, — falls nicht eine schwerer zu bestrafende Handlung vorliegt und der Schaden einen Werth von fünf Gulden übersteigt, — eines Vergehens schuldig und ist mit Gefängniß bis zu drei Monaten und an Geld bis zu zweihundert Gulden zu bestrafen.

Das Strafverfahren wird nur auf Antrag des Beschädig= ten eingeleitet.

XXXVII. Hauptstück.
Brandstiftung.

§. 422.

Das Verbrechen der Brandstiftung begeht und ist mit Zuchthaus von fünf bis zu zehn Jahren zu bestrafen:

1) wer ein Haus, eine Hütte, eine Mühle, oder irgend ein Gebäude oder eine Localität, welche (welches) von Menschen bewohnt wird oder zur Wohnung bestimmt ist, oder aber zur Zusammenkunft mehrerer Menschen benützt wird, zu einer solchen Zeit vorsätzlich in Brand setzt, während welcher sich Niemand darin aufhält;

2) wer ein Magazin, ein Wirthschaftsgebäude, auf einem freien Platze lagernde größere Waaren- oder Fruchtvorräthe, noch nicht geschnittenes oder in Tristen befindliches Getreide, einen Getreidehaufen, Wald oder größeren Vorrath an Bau- und Feuerungsmaterialien, eine Brücke, ein Schiff oder ein Bergwerk vorsätzlich in Brand setzt.

Dieser Paragraph findet keine Anwendung, wenn der in Brand gesetzte Gegenstand Eigenthum des Brandstifters und seine Beschaffenheit und Lage eine derartige war, daß durch die Brandstiftung ein Anderer weder seiner Person, noch seinem Vermögen nach einer Gefahr ausgesetzt wurde.

§. 423.

Mit Zuchthaus von zehn bis zu fünfzehn Jahren ist derjenige Brandstifter zu bestrafen:

1) welcher einen im §. 422 unter 1) bezeichneten Gegenstand vorsätzlich zu einer solchen Zeit in Brand setzt, während welcher sich darin ein oder mehrere Menschen aufhalten;

2) welcher eine Kirche, öffentliche Bibliothek, ein öffentliches Archiv oder ein solches Gebäude, in welchem zum öffentlichen Gebrauche dienende, wissenschaftliche oder Kunstsammlungen aufbewahrt, oder in welchen Schießpulver oder sonstige Zünd- oder explodirende Stoffe erzeugt oder aufbewahrt werden, wenn auch zu einer solchen Zeit in Brand setzt, während welcher sich Niemand darin aufhält.

§. 424.

Mit lebenslänglichem Zuchthaus ist die Brandstiftung zu bestrafen :

1) wenn ein Mensch, welcher sich zur Zeit der Brand= stiftung in der in Brand gesetzten Räumlichkeit aufhielt, durch das Feuer sein Leben verloren hat, insoweit der Brandstifter den Umstand, daß Jemand sich in dieser Räumlichkeit befindet, wahrnehmen konnte und die Handlung nicht als Mord an= zusehen ist;

2) wenn dieselbe Person gleichzeitig oder in kurzen Zwischen= räumen mehrere Brandstiftungen, oder nur eine Brandstiftung, jedoch in Verbindung mit Mehreren verübt hat;

3) wenn die Brandstiftung von Mehreren zu dem Zwecke, um zu rauben oder zu verwüsten, begangen wurde.

§. 425.

Wer einen in den §§. 422 oder 423 bezeichneten Gegen= stand aus Fahrlässigkeit in Brand setzt, macht sich des Ver= gehens der fahrlässigen Verursachung einer Feuersgefahr schul= dig und ist mit Gefängniß bis zu einem Jahre und an Geld bis zu tausend Gulden, wenn jedoch dadurch der Tod eines Menschen verursacht wurde, mit Gefängniß bis zu fünf Jahren zu bestrafen.

§. 426.

Wegen des Verbrechens der Brandstiftung ist neben der Freiheitsstrafe auch auf Amtsverlust und Entziehung der poli= tischen Rechte zu erkennen.

§. 427.

Die Brandstiftung bleibt straflos, wenn das Feuer, bevor die That entdeckt und ein größerer Schaden verursacht wurde, durch den Thäter, — oder in Folge seiner Anordnungen gelöscht, und so dessen weitere Ausbreitung verhindert worden ist.

§. 428.

Die Vereinigung zur Verübung des Verbrechens der Brand= stiftung (§. 132) ist, wenn auch eine vorbereitende Handlung vorliegt, mit Kerker bis zu zwei Jahren zu bestrafen.

XXXVIII. Hauptstück.

Herbeiführung einer Ueberschwemmung.

§. 429.

Das Verbrechen der Herbeiführung einer Ueberschwemmung begeht Derjenige, welcher einen Damm, ein Wehre oder eine Schleuße vorsätzlich und unbefugt durchsticht, zerstört oder öffnet, Wasser auf eines Anderen Besitzthum ausläßt, und diesem durch die hervorgerufene Ueberschwemmung einen Schaden zufügt.

§. 430.

Das Verbrechen der vorsätzlichen Herbeiführung einer Ueberschwemmung ist mit Zuchthaus bis zu fünf Jahren zu bestrafen; wenn jedoch der Schaden zweihundert Gulden nicht übersteigt, oder wenn der Thäter die Ueberschwemmung zur Rettung seines eigenen Vermögens verursacht hat, so ist derselbe, mit Ausnahme der Fälle des folgenden Paragraphen, mit Kerker bis zu drei Jahren zu bestrafen.

§. 431.

Wenn durch das Verbrechen der Herbeiführung einer Ueberschwemmung das Leben eines oder mehrerer Menschen gefährdet wurde und diese Gefahr vorausgesehen werden konnte, so ist der Thäter mit Zuchthaus von fünf bis zu zehn Jahren zu bestrafen.

Wenn jedoch in dem im ersten Absatze dieses Paragraphen erwähnten Falle ein oder mehrere Menschen ihr Leben durch die Ueberschwemmung verloren haben und dies vom Thäter vorhergesehen werden konnte, so ist derselbe, — falls seine Handlung nicht einen Mord bildet, — mit lebenslänglichem Zuchthaus zu bestrafen.

§. 432.

Wer durch Fahrlässigkeit eine Ueberschwemmung herbeiführt, macht sich eines Vergehens schuldig und ist, wenn dadurch das

Leben oder Vermögen eines Anderen gefährdet wird, mit Ge=
fängniß bis zu einem Jahre und an Geld bis zu tausend
Gulden, wenn jedoch dadurch der Tod eines Menschen verursacht
wurde, mit Gefängniß bis zu fünf Jahren zu bestrafen.

§. 433.

Wegen des Verbrechens der Herbeiführung einer Ueber=
schwemmung ist gleichzeitig auch auf Amtsverlust zu erkennen.

XXXIX. Hauptstück.

Beschädigung von Eisenbahnen, Schiffen und Telegraphen, und sonstige gemeingefährliche Handlungen.

§. 434.

Wer durch vorsätzliche Beschädigung einer Eisenbahn, eines
Dampfschiffes oder anderen Schiffes oder eines dazu gehörigen
Gegenstandes die auf der Eisenbahn oder dem Schiffe befind=
lichen Personen oder Waaren einer Gefahr aussetzt, begeht das
Verbrechen der gemeingefährlichen Beschädigung und ist mit
Zuchthaus bis zu fünf Jahren zu bestrafen.

§. 435.

Wenn in Folge des im vorhergehenden Paragraphen be=
zeichneten Verbrechens eine schwere körperliche Verletzung ein=
getreten ist, so wird der Thäter mit Zuchthaus von fünf bis
zehn Jahren, — wenn aber der Tod eines Menschen verursacht
wurde, und nicht ein Mord vorliegt, mit lebenslänglichem Zucht=
haus bestraft.

§. 436.

Das Verbrechen einer gemeingefährlichen Handlung begeht
und ist, je nach den Folgen, auf die in den §§. 434 und 435
festgesetzte Weise zu bestrafen, wer die auf einer Eisenbahn
oder in deren Nähe befindlichen Personen oder Waaren vor=
sätzlich durch Unterlassung der vorschriftsmäßigen Signale oder
durch falsche Signale einer Gefahr aussetzt.

§. 437.

Wer eine in den §§. 434 und 436 bezeichnete Handlung oder Unterlassung aus Fahrlässigkeit verübt, ist wegen eines Vergehens mit Gefängniß bis zu einem Jahre und an Geld bis zu tausend Gulden, wenn aber durch seine Handlung oder Unterlassung der Tod eines Menschen verursacht wurde, mit Gefängniß bis zu fünf Jahren und an Geld bis tausend Gulden zu bestrafen.

§. 438.

Mit Gefängniß von zwei bis zu fünf Jahren ist derjenige Eisenbahnbeamte und Bedienstete zu bestrafen, welcher durch Verletzung welcher immer ihm obliegenden Dienstpflicht die auf einem Eisenbahnzuge oder in dessen Nähe befindlichen Personen oder Waaren der Gefahr einer Verletzung oder Beschädigung durch die Eisenbahn aussetzt.

§. 439.

Wer eine Telegraphenanstalt oder deren Zugehör vorsätzlich beschädigt, oder wer durch eine vorsätzliche Handlung oder Unterlassung die Benützung der Telegraphenanstalt stört oder verhindert, macht sich eines Vergehens schuldig und ist mit Gefängniß bis zu zwei Jahren und an Geld bis zu tausend Gulden zu bestrafen.

§. 440.

Eines Vergehens macht sich schuldig und ist mit Gefängniß bis zu drei Monaten und an Geld bis zu hundert Gulden zu bestrafen, wer aus Fahrlässigkeit eine solche Handlung oder Unterlassung begeht, durch welche die Benützung einer Telegraphenanstalt gestört wird.

§. 441.

Ein Telegraphenbeamte oder mit dem Telegraphendienste betrauter Angestellter, ein Aufseher oder Diener, welcher durch Verletzung der ihm obliegenden Dienstpflicht eine Störung in der Benützung des Telegraphen verursacht hat, ist mit Gefängniß

bis zu sechs Monaten und an Geld bis fünfhundert Gulden
zu bestrafen.

§. 442.

Die in den §§. 438 und 441 bezeichneten Personen sind
wegen der in den vorhergehenden Paragraphen dieses Hauptstückes angeführten strafbaren Handlungen, neben den gesetzlichen
Strafen, gleichzeitig auch zur Entlassung aus dem Amte oder
Dienste zu verurtheilen.

§. 443.

Derjenige leitende Beamte einer Eisenbahn- oder Dampf-
schiffahrts-Unternehmung, welcher einen zur Entlassung vom
Amte oder Dienste Verurtheilten nicht sofort entläßt, nachdem
ihm das rechtskräftige Urtheil mitgetheilt worden ist, wird wegen
Vergehens an Geld von hundert bis zu tausend Gulden bestraft.

§. 444.

Wer durch eine vorsätzliche Handlung oder Unterlassung
die Strandung, das Sinken oder die Zertrümmerung eines
Schiffes verursacht, begeht, wenn dadurch das Leben oder Vermögen eines Anderen gefährdet wurde, ein Verbrechen und ist
mit Zuchthaus von fünf bis zu zehn Jahren, — und wenn in
Folge seiner Handlung oder Unterlassung eine schwere körperliche
Verletzung eingetreten ist, mit Zuchthaus von zehn bis zu fünfzehn Jahren, — wenn jedoch dadurch Jemand sein Leben
verloren hat und nicht ein Mord vorliegt, mit lebenslänglichem Zuchthaus zu bestrafen.

§. 445.

Wenn aber jene Handlung oder Unterlassung, durch welche
die Strandung, das Sinken oder die Zertrümmerung eines
Schiffes verursacht wurde, aus Fahrlässigkeit begangen und
dadurch das Leben oder Vermögen eines Anderen gefährdet
worden ist, so muß wegen Vergehens auf Gefängniß bis zu
einem Jahre und wenn der Tod eines Menschen verursacht
wurde, auf Gefängniß bis zu fünf Jahren erkannt werden.

XXXIX. und XL. Hauptſtück.   111

§. 446.

Wer jene Abſperrungs= und Aufſichtsmaßregeln, welche
ſeitens der Behörde zur Verhütung der Ausbreitung der Vieh=
ſeuche angeordnet worden ſind, verletzt, macht ſich eines Ver=
gehens ſchuldig und iſt mit Gefängniß bis zu drei Monaten
zu beſtrafen.

Wenn in Folge einer ſolchen Verletzung der Vorſchriften
das Vieh von der Seuche ergriffen worden iſt, wird Derjenige,
welcher die Vorſchriften wiſſentlich übertreten hat, mit Gefängniß
bis zu einem Jahre und an Geld bis zu tauſend Gulden beſtraft.
Der Verſuch iſt ſtrafbar.

XL. Hauptſtück.
Befreiung von Gefangenen.

§. 447.

Wer einem Gefangenen bei der Entweichung aus der Haft
oder dem behördlichen Gewahrſam behilflich iſt, begeht ein
Verbrechen und iſt mit Kerker bis zu zwei Jahren zu beſtrafen.

Wer aber einem Gefangenen zum Zwecke des Entweichens
eine Waffe, einen Schlüſſel oder irgend ein anderes Werkzeug
verſchafft, iſt mit Kerker bis zu drei Jahren zu beſtrafen.

§. 448.

Wachen, Aufſeher oder behördliche Organe, welche einen
ihrer Obhut anvertrauten Gefangenen vorſätzlich entweichen laſſen,
ſind mit Zuchthaus bis zu fünf Jahren zu beſtrafen.

Wenn aber das Entweichen eines der Obhut anvertrauten
Gefangenen durch Fahrläſſigkeit ermöglicht wurde, ſo iſt der Be=
treffende wegen Vergehens mit Gefängniß bis zu ſechs Monaten
zu beſtrafen.

In beiden Fällen dieſes Paragraphen iſt neben der Frei=
heitsſtrafe auf Amtsverluſt zu erkennen.

XLI. Hauptstück.

Verbrechen und Vergehen gegen die bewaffnete Macht.

§. 449.

Wer listige Vorspiegelungen zu dem Zwecke anwendet, um sich von der Wehrpflicht zu befreien oder die Befreiung eines Andern von dieser Verpflichtung zu erwirken, ist mit Gefängniß bis zu einem Jahre und an Geld bis zu zweitausend Gulden zu bestrafen.

§. 450.

Wer sich der Wehrpflicht dadurch zu entziehen sucht, daß er das Gebiet der österreichisch-ungarischen Monarchie verläßt oder sich während der Rekrutirung außerhalb der Grenzen der österreichisch-ungarischen Monarchie aufhält, ist mit Gefängniß bis zu einem Jahre und an Geld bis zu tausend Gulden zu bestrafen.

§. 451.

Wer sich selbst verstümmelt oder absichtlich in einen solchen Zustand versetzt, in dem er zur Erfüllung der Wehrpflicht untauglich ist, sowie auch Derjenige, welcher die Verstümmelung des Wehrpflichtigen vornimmt oder ihn dienstuntauglich macht, oder dabei als Theilnehmer mitwirkt, ist mit Gefängniß bis zu drei Jahren und an Geld bis zu zweitausend Gulden zu bestrafen.

Ebendieselbe Strafe trifft auch Denjenigen, welcher eine in diesem Paragraphen bezeichnete Handlung an einer im Militärdienste stehenden Person vornimmt oder dabei als Theilnehmer mitwirkt.

Die Anordnung des §. 48 des Ges.-Art. XL v. J. 1868 wird durch diesen Paragraphen nicht berührt.

§. 452.

Wer einen zum Heere, zur Kriegsmarine oder Landwehr gehörigen Mann, welcher sich auf Urlaub, in der Reserve oder

im beurlaubten Stande befindet, zum Ungehorsam gegen den
Einberufungsbefehl verleitet, ist, wenn diese Handlung in der
Friedenszeit begangen wurde, mit Gefängniß bis zu drei Monaten,
wenn diese Handlung jedoch nach erfolger Kriegserklärung be=
gangen wurde, mit Kerker bis zu fünf Jahren und an Geld
bis zu tausend Gulden zu bestrafen.

Die Verleitung eines zur Ersatzreserve gehörigen Mannes
zum Ungehorsam gegen den Einberufungsbefehl ist ebenfalls
nach den obigen Unterscheidungen zu bestrafen.

§. 453.

Wer einen zum Heere, der Kriegsmarine oder der Land=
wehr gehörigen Mann während der Friedenszeit zur Desertion
verleitet, ist mit Gefängniß bis zu zwei Jahren, wenn aber
die Handlung nach erfolgter Kriegserklärung begangen wurde,
mit Kerker bis zu fünf Jahren und an Geld bis zu zwei=
tausend Gulden zu bestrafen.

§. 454.

Wer einem Angehörigen des Heeres, der Kriegsmarine
oder der Landwehr, von dem er weiß, daß derselbe desertirt
ist, während der Flucht bei sich oder an einem unter seiner
Aufsicht stehenden Orte Unterkunft gibt, oder demselben auf
irgend eine Art behilflich ist, sich zu verstecken und zu retten,
— unterliegt der im vorhergehenden Paragraphen erwähnten
Strafe nach den daselbst festgesetzten Unterscheidungen.

§. 455.

Wer in der Friedenszeit Verfügungen und Gegenstände,
welche sich auf die Kriegsmacht oder die Kriegsvertheidigung
des Staates beziehen, und von denen er weiß oder wissen kann,
daß sie geheim zu halten sind, durch Uebertretung eines Ver=
botes, durch Irreführung, Vorspiegelung oder sonstige Umtriebe
in der Absicht ausspäht, um darüber einem fremden Staate
eine Mittheilung zu machen, ist mit Staatsgefängniß bis zu
fünf Jahren und an Geld bis zu viertausend Gulden zu be=
strafen.

§. 456.

Mit Staatsgefängniß bis zu fünf Jahren und an Geld bis zu viertausend Gulden ist auch Derjenige zu bestrafen, welcher Mittheilungen über die Stellung, Bewegungen, Stärke und Operationen der bewaffneten Macht der österreichisch-ungarischen Monarchie, über den Zustand von Festungen und Befestigungs= werken, ferner über die Menge der Waffen, des Kriegsmaterials und der Ausrüstungsgegenstände, oder über die Aufbewahrung, Menge, Beschaffenheit und den Transport von Lebensmitteln im Wege der Presse veröffentlicht, ungeachtet derartige Mit= theilungen bereits untersagt worden sind, oder aus der Beschaffen= heit der Mittheilungen, oder den Umständen entnommen wer= den konnte, daß durch eine solche Mittheilung das Interesse des Staates verletzt wird; ausgenommen sind nur solche Mitthei= lungen, welche eine von der Regierung veröffentlichte Nachricht enthalten.

§. 457.

Wer zur Kriegszeit, oder nachdem die Armee oder ein Theil derselben auf den Kriegsfuß gestellt worden ist, den mit einer Behörde wegen Lieferungen für die bewaffnete Macht abgeschlossenen Vertrag nicht erfüllt oder nicht den Bestimmungen des Vertrages entsprechend erfüllt, ist mit Gefängniß bis zu zwei Jahren und an Geld bis zu zweitausend Gulden zu bestrafen.

Eben dieselbe Strafe trifft auch Diejenigen, welche die Er= füllung der seitens eines Lieferanten übernommenen Verpflich= tung auf Grund eines mit diesem geschlossenen Vertrages und mit Kenntniß des Zweckes, als Sublieferanten ganz oder theil= weise auf sich nehmen; desgleichen auch die Bevollmächtigten und Vermittler, falls sie sich hinsichtlich der Unterlassung oder nicht entsprechenden Erfüllung der Lieferung eine Fahrlässigkeit zu Schulden kommen lassen.

Den Bestimmungen dieses Paragraphen gemäß sind auch jene Transportunternehmer und jene Bediensteten der Trans= portanstalten zu bestrafen, durch deren vorsätzliche Handlungen oder Unterlassungen oder aber durch deren Fahrlässigkeit der Transport von Truppen oder die für die letzteren bestimmten

Kriegserforderniſſe, entweder gar nicht oder entſprechend nicht be=
werkſtelligt werden kann.

§. 458.

Die Beſtimmungen dieſes Hauptſtückes ſind nur in dem
Falle anzuwenden, wenn das im §. 144 feſtgeſetzte Verbrechen
nicht vorliegt.

§. 459.

Wegen der in dieſem Hauptſtücke bezeichneten Verbrechen
iſt auch auf Amtsverluſt und Entziehung der politiſchen Rechte
zu erkennen.

§. 460.

Die in den §§. 46 und 47 des Geſ.=Art. XL v. J. 1868
enthaltenen Strafbeſtimmungen über die ohne Bewilligung ſich
Verheirathenden und die militärpflichtigen Deſerteure bleiben
unberührt.

XLII. Hauptſtück.

Verbrechen und Vergehen im Amte und im Advocatenſtande.

§. 461.

Als öffentliche Beamte werden alle Diejenigen angeſehen,
welche auf Grund ihres Amtes, Dienſtes oder eines erhaltenen
beſonderen Auftrages zur Erfüllung ihrer Obliegenheiten im
Verwaltungs= oder Juſtizdienſte des Staates, oder im Dienſte
eines Munizipiums oder einer Gemeinde verpflichtet ſind; ferner
auch Diejenigen, welche bei den durch den Staat, ein Muni=
zipium oder eine Gemeinde unmittelbar verwalteten öffentlichen
Stiftungen, Krankenhäuſern oder Irrenanſtalten als Inſpectoren,
Aerzte, Beamte oder Diener angeſtellt ſind.

Die königlichen Notare werden gleichfalls als öffentliche
Beamte betrachtet.

§. 462.

Derjenige öffentliche Beamte, welcher einen ihm in ſeiner
ämtlichen Eigenſchaft übergebenen, oder zur Verwaltung, bezie=
hungsweiſe zur Aufbewahrung anvertrauten Geldbetrag oder
· Geldeswerth beſitzenden Gegenſtand unterſchlägt, begeht das

Verbrechen der Amtsunterschlagung und ist mit Kerker von zwei bis zu fünf Jahren zu bestrafen.

Wenn aber der Werth der unterschlagenen Sache tausend Gulden übersteigt, so ist auf Zuchthaus bis zu fünf Jahren zu erkennen.

§. 463.

Wegen Amtsunterschlagung ist auf Zuchthaus von fünf bis zu zehn Jahren zu erkennen, wenn der Thäter, um die Ent= deckung zu verhindern oder zu erschweren, in die zur Ein= tragung oder zur Controle der Einnahmen dienenden Bücher, Rechnungen und Protokolle eine falsche Post eingetragen, eine eingetragene Post gefälscht, ein Manipulationsbuch, ein Proto= koll oder eine andere auf die Unterschlagung sich beziehende Urkunde oder Schrift vernichtet oder unbrauchbar gemacht hat, sowie überhaupt auch dann, wenn er im Zusammenhange mit der Unterschlagung auch noch ein anderes Verbrechen oder Ver= gehen verübt hat, welches nicht schwerer zu bestrafen ist.

§. 464.

Die Amtsunterschlagung bildet ein Vergehen und ist mit Gefängniß bis zu einem Jahre zu bestrafen, wenn keiner der im §. 463 bezeichneten Fälle vorliegt und der Werth der unter= schlagenen Sache aus der Dienstcaution des Beamten gedeckt werden konnte.

§. 465.

Derjenige öffentliche Beamte, welcher für eine in seiner ämtlichen Stellung zu leistende Handlung, oder für deren Unter= lassung ein Geschenk oder eine Belohnung verlangt, annimmt oder ein darauf gerichtetes Versprechen nicht zurückweist, ist, wenn die Handlung oder Unterlassung sich nicht als eine Ver= letzung seiner Amtspflicht herausstellt, wegen Vergehens der Bestechung mit Gefängniß bis zu einem Jahre, wenn aber die Handlung oder Unterlassung eine Verletzung seiner Amtspflicht bildet, mit Gefängniß bis zu zwei Jahren zu bestrafen.

Dieselben Strafen treffen den öffentlichen Beamten auch in dem Falle, wenn das Geschenk oder die Belohnung mit

seiner Zustimmung einer dritten Person übergeben oder ver=
sprochen wurde.

§. 466.

Die Anordnung des vorhergehenden Paragraphen bezieht
sich nicht auf die auf einem Gesetze oder den Vorschriften beru=
henden Gebühren und Belohnungen, auf das den öffentlichen
Notaren, falls sie nicht als Bevollmächtigte des Gerichtes amtiren,
freiwillig über den Tarif gezahlte Honorar; ferner auf die den
öffentlichen Beamten für außerordentliche, im Interesse einer
Partei vollführten Arbeiten gebührenden und durch die Dienstes=
vorschriften gestatteten Belohnungen und jene üblichen kleinen
Geschenke, welche den Dienern gegeben werden, — falls ein
solches Geschenk unaufgefordert gegeben wird und die Annahme
durch die Dienstesvorschriften ausdrücklich nicht untersagt ist.

§. 467.

Derjenige öffentliche Beamte, welcher für ein erhaltenes
oder versprochenes Geschenk oder eine Belohnung seine Amts=
pflicht entweder durch eine Handlung oder eine Unterlassung
verletzt, ist wegen Verbrechens der Bestechung mit Zuchthaus
bis zu fünf Jahren zu bestrafen.

§. 468.

In gleicher Weise ist auch derjenige Richter, Untersuchungs=
richter oder jener Beisitzer des Geschwornengerichtes zu bestrafen,
welcher seine Amtspflicht zwar nicht verletzt, jedoch für eine
Handlung oder Unterlassung, die ihm sein Amt auferlegt, ein
Geschenk oder eine Belohnung fordert, annimmt, oder welcher
ein darauf sich beziehendes Versprechen nicht sofort zurückweist,
und zwar auch in dem Falle, wenn das Geschenk oder die
Belohnung mit seiner Zustimmung einer dritten Person gegeben
oder versprochen worden ist.

§. 469.

Mit Zuchthaus von fünf bis zu zehn Jahren ist zu
bestrafen :

1) derjenige Richter, der in einer Civil= oder Straffache hinsichtlich welcher er bestochen wurde, gesetzwidrig geurtheilt oder entschieden hat;

2) derjenige Untersuchungsrichter, welcher in seinem Vor= gehen, beziehungsweise in seiner Verfügung bezüglich jener Straffache, in der er bestochen wurde, seine Pflicht durch eine Handlung oder Unterlassung verletzt hat;

3) derjenige öffentliche Beamte, welcher bei einer behördlich angeordneten Versteigerung, einem Vertragsabschlusse oder bei einer Lieferung oder öffentlichen Arbeit hinsichtlich der Ueber= gabe, Uebernahme, Aufsicht oder Ueberprüfung in seiner ämt= lichen Stellung oder auf Grund eines besonderen Auftrages mitwirkt, — wenn er dabei in Folge einer Bestechung gesetz= widrig vorgeht und der hieburch zugefügte Schaden fünftausend Gulden übersteigt.

§. 470.

Mit Gefängniß bis zu einem Jahre und an Geld bis zu tausend Gulden ist Derjenige zu bestrafen, welcher einem öffent= lichen Beamten zu dem Zwecke, damit dieser seine Pflicht ver= letze, ein Geschenk oder eine Belohnung gibt oder verspricht.

Wer aber eine solche Handlung einem Richter, Unter= suchungsrichter oder Geschwornen gegenüber verübt, ist mit Gefängniß bis zu fünf Jahren und an Geld bis zu zweitausend Gulden zu bestrafen.

§. 471.

Derjenige öffentliche Beamte, welcher in der Absicht, um Jemandem widerrechtlich einen Nutzen zuzuwenden oder einen Schaden oder einen sonstigen Nachtheil zuzufügen, in seiner Amtshandlung oder seiner Verfügung eine Amtspflicht verletzt, macht sich des Vergehens des Amtsmißbrauches schuldig und ist mit Gefängniß bis zu fünf Jahren zu bestrafen.

Der Versuch ist strafbar.

§. 472.

Das Verbrechen des Mißbrauches der Amtsgewalt begeht derjenige öffentliche Beamte und ist mit Zuchthaus bis zu fünf

Jahren zu bestrafen, welcher die bewaffnete Macht ohne recht=
lichen Grund einschreiten läßt oder zum Einschreiten auf=
fordert.

Wenn jedoch in diesem Falle durch den thatsächlichen Ge=
brauch der Waffen ein schwerer zu bestrafendes Verbrechen
begangen wurde, so ist die auf letzteres gesetzte Strafe an=
zuwenden.

§. 473.

Derjenige öffentliche Beamte, welcher in Ausübung seines
Amtes Jemanden mißhandelt oder mißhandeln läßt, begeht, —
insofern dies nicht eine schwerer strafbare Handlung bildet, —
das Vergehen des Mißbrauches der Amtsgewalt und ist mit
Gefängniß bis zu sechs Monaten zu bestrafen.

§. 474.

Derjenige öffentliche Beamte oder Angehörige der bewaff=
neten Macht kann nicht zur Rechenschaft gezogen werden, wel=
cher bei der Verübung des in den §§. 472 und 473 festgesetzten
Verbrechens oder Vergehens den innerhalb seines gesetzlichen
Wirkungskreises erlassenen Auftrag seines competenten Vor=
gesetzten vollzogen hat.

§. 475.

Das Vergehen des Mißbrauches der Amtsgewalt begeht
derjenige öffentliche Beamte und ist mit Gefängniß bis zu fünf
Jahren zu bestrafen, welcher seine Amtsgewalt dazu mißbraucht,
um einen Anderen rechtswidrig zu einer Duldung oder Unter=
lassung zu zwingen.

Der Versuch ist strafbar.

§. 476.

Der Mißbrauch der Amtsgewalt bildet ein Verbrechen und
ist mit Zuchthaus bis zu drei Jahren zu bestrafen, wenn ein
Richter oder Untersuchungsrichter gegen eine solche Person,
deren Unschuld ihm bekannt ist, die Strafuntersuchung ein=
leitet.

§. 477.

Mit Kerker bis zu fünf Jahren ist derjenige öffentliche Beamte zu bestrafen, welcher zu dem Behufe, um von einem Angeklagten, Zeugen oder Sachverständigen eine Aussage oder eine Erklärung zu erpressen, gegen den Betreffenden Zwangs= maßregeln anwendet oder anwenden läßt.

§. 478.

Das im §. 476 bezeichnete Verbrechen begeht derjenige öffentliche Beamte und unterliegt der daselbst festgesetzten Strafe, welcher, um Jemanden der gesetzlichen Strafe zu entziehen, seine ämtliche Stellung mißbraucht und hinsichtlich des Strafver= fahrens die Erfüllung seiner Amtspflicht versäumt, oder irgend eine Handlung unternimmt oder eine Verfügung trifft, um das Ergebniß des Strafverfahrens zu vereiteln.

Die gleiche Strafe trifft auch denjenigen öffentlichen Beamten, welcher den ihm obliegenden Vollzug eines rechtskräf= tigen Strafurtheiles in der in diesem Paragraphen erwähnten Absicht unterläßt.

§. 479.

Mit Staatsgefängniß bis zu einem Jahre ist derjenige öffentliche Beamte zu bestrafen, welcher eine ihm in seiner ämtlichen Stellung bekannt gewordene ämtliche Verhandlung, Verordnung, Mittheilung oder ein ihm in seiner ämtlichen Eigenschaft eingehändigtes Schriftstück zum Nachtheile des Staates oder einzelner Privatpersonen Anderen mittheilt oder veröffentlicht, trotzdem er weiß, daß der betreffende Inhalt ein Amtsgeheimniß bildet.

§. 480.

Derjenige öffentliche Beamte, welcher die Erfüllung seiner Amtspflicht verweigert, macht sich des Vergehens des Miß= brauches der Amtsgewalt schuldig und ist mit Gefängniß bis zu drei Monaten zu bestrafen.

§. 481.

Die Verweigerung der Erfüllung einer Amtspflicht bildet ein Verbrechen und ist mit Kerker bis zu drei Jahren zu bestrafen,

wenn die Pflichterfüllung in Folge einer Verabredung zweier oder mehrerer öffentlicher Beamten verweigert wurde.

§. 482.

Derjenige Advocat, welcher in einer ihm in ſeiner Eigen= ſchaft als Advocat anvertrauten Angelegenheit beiden Parteien mit Rath oder That pflichtwidrig dient, oder welcher im Laufe des Prozeſſes die Vertretung ſeiner Partei aufgibt oder kündigt und ohne Einwilligung derſelben die Vertretung der Gegenpartei übernimmt, iſt mit Gefängniß bis zu drei Jahren, wenn er aber im Einverſtändniſſe mit der Gegenpartei zum Nachtheile ſeiner eigenen Partei wirkt, mit Kerker bis zu fünf Jahren zu beſtrafen.

§. 483.

Ein Advocat, welcher ſich durch ein Geſchenk oder ein Verſprechen beſtechen läßt und in einer Straffache zum Nach= theile ſeines Clienten pflichtwidrig vorgeht, iſt, wenn es ſich um eine Uebertretung handelt, mit Gefängniß bis zu drei Monaten, im Falle eines Vergehens mit Kerker bis zu einem Jahre und im Falle eines Verbrechens mit Kerker bis zu fünf Jahren zu beſtrafen; wenn die Sache ſich jedoch auf ein ſolches Verbrechen bezieht, welches nach dem Geſetze mit lebenslänglichem Zuchthaus oder mit dem Tode geahndet wird, iſt der Advocat mit Zuchthaus bis zu fünf Jahren zu beſtrafen.

§. 484.

Wegen der in dieſem Hauptſtücke angeführten Verbrechen iſt neben der feſtgeſetzten Strafe auch auf Amtsverluſt und Entziehung der politiſchen Rechte zu erkennen, wegen der Ver= gehen hingegen iſt auch der Verluſt des Amtes oder der betref= fenden Stellung, beziehungsweiſe der Advocatur auszuſprechen.

XLIII. Hauptstück.

Schlußbestimmungen.

§. 485.

Mit dem Beginne der Wirksamkeit dieses Gesetzes werden die damit im Widerspruche stehenden Gesetze, Verordnungen und Gerichtsgebräuche außer Kraft gesetzt.

§. 486.

Mit dem Vollzuge des gegenwärtigen Gesetzes wird der Justizminister betraut. Die Verfügungen bezüglich des Zeit=punktes, mit welchem dieses Gesetz ins Leben tritt, sowie die Uebergangsbestimmungen wird ein besonderes Einführungsgesetz enthalten.

Inhalt.

Erster Theil.
Allgemeine Bestimmungen.

Zweiter Theil.
Von den einzelnen Arten der Verbrechen und Vergehen, und von ihrer Bestrafung.